Stephan Wahl **Lebenskeck**

STEPHAN WAHL

LEBENS-KECK

TROTZ ALLEM TROTZ ALLEM TROTZ ALLEM

echter

Inhalt

Einleitung

Eigentlich sollte es ein munterer, ausschließlich mit ermutigenden Texten gefüllter Band werden. Mit der eigenen Wortschöpfung „Lebenskeck“ hatte ich dafür einen programmatischen wie auch ein wenig augenzwinkernden Titel gefunden.

Doch dann kam der 7. Oktober 2023. Ein sonniger früher Morgen, ich war schon zwei Stunden auf, als die Warn-App Raketenabschüsse aus Gaza meldete. Ich weiß noch, dass meine erste Reaktion „nicht schon wieder“ war, denn punktuelle Aktionen hatte es in den letzten Jahren in begrenztem Umfang immer wieder gegeben. Sie betrafen immer die Regionen nahe am Gazastreifen. Aber bald hörte ich dann auch die Sirenen im Jerusalemer Umfeld. Es gab Detonationen und am Himmel sah man auch bei uns die Lichtstreifen, die sich nach dem Abfangen von Raketen am Himmel zeigen. Die Warn-App meldete pausenlos Raketenangriffe und bald wurde mir bewusst, dass dieser Angriff eine ganz andere Größenordnung hatte. Ich lebe in einem palästinensischen Stadtviertel von Ostjerusalem, in Shu'afat, und hatte von daher keine unmittelbare Sorge für meine eigene Sicherheit, aber was dann peu à peu an Nachrichten eintraf, hat mich bis ins Mark erschüttert. Besonders als sich dann im Laufe des Tages die schreckliche Gewissheit verbreitete, dass es sich nicht „nur“ um einen schweren Raketenangriff handelte, sondern um ein bis dahin unvorstellbares Massaker von Hamas-Terroristen an israelischen Frauen, Männern und Kindern. Die israelische militärische Reaktion ließ nicht lange auf sich warten. Anstatt Simchat Thora zu feiern, ein heiteres, frohes, ausgelassenes Fest am Ende von Sukkot (Laubhüttenfest), hatte der Krieg begonnen.

Ähnlich wie bei der großen Flutkatastrophe an der Ahr und dem damals entstandenen Ahrpsalm versuchte ich meine Wut, meinen Schmerz, meine Ohnmacht und Hilflosigkeit in stotternde Worte zu fassen, und so entstand der „Psalm eines zivilen Kriegsopfers“, mit dem ich den Psalmteil dieses Bandes beginnen lasse. Natürlich hatte er an diesem 7. Oktober primär die Opfer auf israelischer Seite im Blick, aber ich dachte damals beim Schreiben auch an die kommenden Opfer unter den Zivilisten in Gaza, eine Ahnung, die sich bis in die Abfassung dieser Einleitung auf schrecklichste Weise bewahrheitete. Ich bin am darauffolgenden Tag nach einem Aufruf der Regierung zum Blutspenden in die Weststadt gefahren, um in diesem lähmenden Gefühl der Hilflosigkeit wenigstens irgendetwas zu tun.

Dieses Gefühl ist bis heute geblieben und vor allem das einer kaum auszuhaltenden Zerrissenheit. Ich stehe auf keiner der beiden Seiten und wenn, auf beiden, heißt es in einem meiner Texte. Daran hat sich nichts geändert. Es ist nicht mein Land, ich bin weder Palästinenser noch Israeli und werde nie zu einem der beiden Völker gehören. Aber ich fühle mich als Gast, dessen Heimat Deutschland ist, hier zu Hause und ich habe Freunde auf beiden Seiten, nicht fanatische und ausgrenzende, sondern Menschen, die „trotz allem“ die Hoffnung auf Frieden nicht aufgeben – so illusorisch das im Moment ausschauen mag. Dieses „trotz allem“ habe ich, dreifach wiederholt, dem Buchtitel „Lebenskeck“ angefügt. Mit einem dreifachen „trotz allem“ endet der nachdenkliche Text „Mein Es-zerreißt-mich Advent“, den ich als Prolog den folgenden Texten voranstelle. Er erzählt von einem Tag während des kurzen Waffenstillstands im Advent letzten Jahres und sorgt für die Tonlage und Tonart der sich anschließenden Texte.

Mit zu den irritierendsten Erfahrungen der letzten Kriegsmonate gehört für mich die Tatsache, dass „das Leben einfach so weitergeht". Nach den ersten Wochen, in denen zum Beispiel manche Läden nach Hamsterkäufen leer waren oder kein Palästinenser die israelische Straßenbahn benutzt hatte, ging es bald irgendwie „fast normal" im Alltag weiter. Jedenfalls bei uns im ziemlich sicheren Jerusalem. Wären die täglichen Horrornachrichten aus dem Süden oder aus dem Norden via Medien nicht und das Erleben der pilger- und touristenleeren Stadt, könnte man vergessen, dass 80 km Luftlinie entfernt täglich immer noch gelitten und gestorben wird. Ich kann es nicht. Trotzdem geschehen auch jetzt im Alltag Dinge, die einen über Wasser halten und für die man schlicht und still dankbar sein darf und muss. Deshalb steht am Ende der facettenreichen Texte ein Epilog, „Dank – einfach mal so". Damit die Hoffnung trotz allem, trotz allem, trotz allem niemals erlischt.

Jerusalem, am 25. August 2024 Stephan Wahl

Prolog

Mein „Es-zerreißt-mich-Advent“

Dahin ist sie,
meine innere Ruhe,
meine Seele windet sich,
bekommt keine Luft.

Ich ziehe die Decke
dicht über den Kopf,
will nichts mehr hören
noch sehen.

Ich ziehe den Stecker.

Die Schreckensnachrichten
hören nicht auf,
das Klagen und Stöhnen
verstummt nicht.

Auf beiden Seiten.

Im Frieden der Feuerpause,
der trügerischen, kurzlebigen,
verließ ich mein Nest, das sichere,
zu einer Fahrt ans Meer.

Daran denke ich jetzt
am Beginn des Advents,
der so anders ist
als alle zuvor.

Ich betrat die Stadt,
die niemals schläft,
so rühmt sich Tel Aviv,
jetzt aber oft aus anderem Grund.

Ich sah die Menschen
in den Cafés der Dizengoff,
ohne Furcht vor Raketen,
fast so wie immer.

Fast so.

Den jungen Soldaten
schaute ich nach,
mit ihren MPs und Rucksäcken
auf dem Weg zum Einsatz.

Wer wird wiederkommen,
wer sein Grab finden
auf dem Herzlberg
bei so vielen anderen.

Wer von den Leuten,
die schnell und geschäftig
die Straße überquerten,
war in Gedanken ganz woanders.

Bei Vater, Tochter oder Neffe,
verschleppt als Geiseln.
Werden sie zurückkommen,
und wenn wie?

Der Platz vor dem Kunstmuseum
hat einen neuen Namen,
„Hostages and Missing Square“,
Geisel- und Vermisstenplatz.

Dort steht der lange Shabbattisch
mit den einsamen Stühlen,
für jede Geisel ein leerer Platz,
gelbe Keramikblumen neben den Tellern.

Vor den gefesselten Puppen
blieb ich lange stehen
und dachte an die Kinder,
so viele Tote. So viele.

Eine Installation besteht
aus vielen einzelnen Spiegeln.
Man sieht sein Gesicht:
auch du hättest ...

Vorbei an der riesigen Uhr,
sie zählt die Tage,
Minuten, Sekunden
seit jenem furchtbaren 7. Oktober,

verließ ich den Platz,
grüßte kurz das stoische Meer,
das mich so oft beruhigte.
Da aber nicht.

Ich fuhr zurück in die andere Welt,
in der der Schrecken
ein zweites Zelt aufschlägt.
Und auch dort nicht weicht.

Die Gesichter der Menschen
in meinem arabischen Viertel
verraten kaum ihre Angst,
Wut und steigende Verzweiflung.

Wohl jede und jeder
kennt jemand in Gaza oder der Westbank.
Der Krieg ist so nahe,
wenn man vertraute Namen nennt.

Wo ist der Platz, der an die
Toten von Gaza erinnert?
An die Kinder, Frauen und Männer
unter dem Schutt ihrer Häuser?

Tausende Lebensfäden zerrissen,
sie zahlen den Preis für
die Morde der Hamas,
einen viel zu hohen, zu ungerechten.

Ich weine um die Kinder des 7. Oktober,
ich weine um die Kinder von Gaza.

Ich entsetze mich über
den feigen Anschlag in Jerusalem
und balle die Faust bei den
Verbrechen von Siedlern in der Westbank.

Das T-Shirt mit arabischem Aufdruck
trage ich bewusst in meinem Viertel – zur Sicherheit,
und ein anderes streife ich über
im jüdischen Supermarkt.

Meine Kopfhörer haben
schon länger ungewollt Pause,
man geht nicht mehr unbekümmert
und leicht durch die Straßen Jerusalems.

So vieles hat sich verändert,
so vieles.

Meine Gefühle fahren Achterbahn,
ich surfe zwischen den Fronten,
gehöre auf keine der Seiten
oder wenn, dann auf beide.

Es ist zum Zerreißen,
keine besinnliche Stimmung.

Nur der improvisierte Adventskranz
aus kleinen Granatäpfeln
und grünem Fächerpalm
sagt mir: Es ist Advent.

Kein romantisches Gefühl,
kein Duft von Zimt und Marzipan,
ich warte auf eine besondere Ankunft,
einen besonderen Advent:
Salam, Shalom, Friede.

Und gebe die Hoffnung

trotz allem,
trotz allem,
trotz allem

nicht auf.

I. PSALMEN

Psalm eines zivilen Kriegsopfers

– geschrieben am 7. Oktober 2023

Was habe ich getan,
    dass ich so leiden muss,
was nur verbrochen,
    dass man mich so heftig schlägt.

Andere haben entschieden,
    mich fragten sie nicht,
nur wenige waren es,
    doch die mit tödlicher Macht.

Sie fanden Gründe,
    den Feind zu bekämpfen,
das Recht ist auf unserer Seite,
    tönten sie laut.

Doch ihr Feind ist nicht mein Feind,
    nie tat er mir was.
Ich kenne ihn nicht,
    bin ihm kaum richtig begegnet.

Nie habe ich verstanden,
    was man mich sehr früh lehrte,
wer Freund ist, wer Feind bleibt,
    das war einfach so.

Den Feind malten sie mir
    in den dunkelsten Farben,
die Sanften und Friedfertigen
    verschwiegen sie mir.

Jetzt ist entflammt
    der grässliche Krieg,
bringt Leid und Verderben,
    Vernichtung und Tod.

Geflohen bin ich,
verwüstet mein Haus,
hinter starken Mauern
fand ich jetzt Schutz.

Um mich ein elendes
Schluchzen und Klagen,
ich verlor nur mein Haus,
andere die Mutter, den Sohn.

Ich sehe erschüttert
in entsetzte Gesichter,
sie können nicht fassen,
was um sie geschah.

Siehst du die Tränen,
die zitternden Glieder,
Ewiger, Unbegreiflicher,
bewegt dich das nicht?

Missbraucht wirst du schamlos
von beiden Parteien,
dein Name ist Waffe
für schändliches Tun.

Fahre dazwischen,
lösche die Feuer.
Die Besonnenen stärke,
die Grausamen schwäche.

Und lass mich nicht hassen
trotz meiner Wunden,
damit die Hoffnung auf Frieden
in mir nie erlischt.

Blutrot der Himmel
– ein Abendpsalm im Krieg

Ich schweige
        am dämmernden Abend des Tages,
sehe den blutroten Himmel,
        der sich färbt für die Nacht.

Meine blutleeren Lippen
        bleiben heute verschlossen,
sie formen kein frommes Gebet,
        mir fehlen die Worte.

Ich denke an alle,
        die heute früh wie immer erwachten
und jetzt schon begraben sind
        oder grausam verletzt.

Wann wird geheilt der zerrissene Friede,
        wann erschreckt der Mensch über sich selbst?
Wann schaudern ihn
        seine blutbefleckten Hände? Wann?

Wer durchbricht den grausamen Kreislauf,
        der Schmerzen mit Schmerzen vergilt?
Wer bändigt die Fäuste des Bösen,
        wer bindet sie, endgültig?

Wer richtet die Zerschundenen auf,
        stillt ihre verzweifelten Schreie?
Wer nimmt den gefühlskalten Kämpfern
        ihre Waffen aus der vernichtenden Hand?

Meine Fragen schleudere ich
        in den blutroten Himmel,
der stoisch sein Lichtspiel gibt,
        als ginge ihn das alles nichts an.

Ewiger, warum hast du
    das Land verlassen,
das wir das heilige nannten,
    das blutgetränkte, so unheilige Land?

Wie immer antwortest du nicht,
    hüllst dich in dein rätselhaftes Schweigen,
gibt es dich überhaupt noch?
    Warum nährst du meine Zweifel?

Nimm diesen lautlosen Schrei
    als mein Abendgebet,
mehr kannst du nicht verlangen,
    meine Tränen kriegst du als Zugabe.

Ich liege am Boden,
    ich weiß nicht mehr weiter,
dieses sinnlose Sterben,
    ich halt es nicht aus.

Brich endlich dein Schweigen, Ewiger,
    verlass deinen Himmel,
sieh nicht nur zu,
    wie der Mensch dich mal wieder verrät.

Fahre mit Macht
    zwischen die verbitterten Fronten,
lösche den Hass,
    der das Töten ernährt.

Und gib meiner verwundeten Seele
    irgendein Zeichen, ich flehe dich an.
Damit mein flackernder Glaube
    mich nicht endgültig verlässt.

Wem-kann-ich-trauen-Psalm

Mich überfluten Informationen,
    täglich neue in großer Zahl,
welche sind richtig,
    wem kann ich trauen?

Unterscheiden will ich,
    was klug-kompetent recherchiert,
was mit Vorsicht, gewissenhaft
    und wahrheitsgetreu formuliert,

trennen will ich es
    von allem, was schnell dahergesagt,
von unbedachtem Schwarz-Weiß-Gezeter,
    faktenscheu und stets arrogant.

Oh, ihr selbsternannten,
    egomanischen Hobbyexperten,
zu allem und jedem habt ihr
    etwas zu sagen – ungefragt.

Mit gezücktem Halbwissen
    stürmt ihr nachdenkliche Diskussionen,
erklärt uns schwatzend die Welt,
    eure Hybris ist grenzenlos.

Den Sanft-Nachdenklichen
    will ich aufmerksam zuhören,
die facettenreich denken,
    bevor sie es wagen zu reden

denen schnelle Sprüche
    immer schon fremd waren,
die lieber erst schweigen
    als inkompetent faseln.

Mein Respekt vor allen,
    die sich dem Zeitdruck verweigern,
die alles gewissenhaft ausloten,
    bevor sie die Stimme erheben.

Ihnen gib beharrliche Kraft,
    unvergleichlich Ewiger,
dein Segen ummantele sie,
    deine friedvolle Rüstung.

Trotzen sollen sie
    dem leichtfertigen Schubladendenken,
den Blick weiten für alles, was komplex,
    aber wahrhaftig ist.

Mir aber, Ewiger, stärke die Geduld,
    die mir so schnell schwindende,
erst Worte zu finden,
    wenn sie begründet zu sprechen sind.

Damit ich behutsam-fair
    und doch unbeugsam
erschütterbar sage, was zu sagen ist,
    auch im rastlos tobenden Gegenwind.

Ratlos warte ich

Ratlos warte ich
auf heilende Antworten,
doch nichts, was mir helfen könnte,
dringt an mein Ohr.

Verlassen bin ich,
allein mit mir selbst,
wirre Stimmen toben
in meiner Seele.

Ich schwanke wie ein Boot
im aufkommenden Wind,
das den Sturm fürchtet
und den drohenden Untergang.

Was soll ich nur tun,
wer zeigt mir die Richtung?

Auch von dir, Ewiger,
fühle ich mich verlassen,
ich spüre dich nicht,
mein Rufen verhallt.

Hörst du es doch,
dann gib mir ein Zeichen,
einen winzigen Hinweis,
der mich aufrichtet und stärkt.

Immer glaubte ich zuversichtlich
an deine Treue,
ich tue es noch,
doch mein Eifer erlahmt.

Meine todwunde Seele
sucht dich verzweifelt,
ohne aufzugeben,
bäumt sie sich auf.

Mit Schmerzen vermisst sie
deine heilende Nähe,
mit letzter Kraft verlangt sie
nach gültigem Trost.

Dankbar erinnere ich mich
an vergangene Hilfe,
dich an der Seite zu spüren
war ein starkes Gefühl.

Lass mich nicht hängen, Ewiger,
und lass mich nicht betteln,
mach mich nicht kleiner,
als ich sowieso bin.

Sei du die kraftvollste der Stimmen
in meiner Seele,
dann verstummen die anderen,
sie halten nicht mit.

Dann schwanke ich nicht mehr,
denn du gibst mir Halt,
zeigst mir Richtung und Ziel,
und ich finde neu zu mir selbst.

Aushalten

In der Stille suche ich dich,
rätselhafter Gott,
eine Audienz erbitte ich mir,
ich brauche Rat.

Dem Stimmengewirr meines Alltags
bin ich auf Zeit entflohen,
zurückgezogen habe ich mich,
nichts lenkt mich ab.

Es ist nicht leicht für mich,
bewusst zu schweigen,
ungewohnt ist es,
mit mir allein zu sein.

Geduld war noch nie meine Stärke,
alles muss schnell geh'n,
prompte Ergebnisse,
mit Tempo erreicht.

Doch du lässt mich warten,
lässt dich nicht drängen,
verweigerst mir Antwort,
hältst dich zurück.

Im verschwebenden Schweigen
haben Propheten dich damals
gespürt, so heißt es,
ich beneide sie, ich fühle nichts.

Doch warten will ich,
mich selbst überwinden,
die Stille aushalten
und mich selbst dazu.

Vielleicht berührt mich dann doch
der Hauch deiner Nähe,
und ich werfe meine Fragen nicht
in ein dunkles Nichts.

Zwei Wege
– ein Entscheidungspsalm

Lange habe ich gerungen, Ewiger,
    es war nicht leicht.
Doch jetzt habe ich mich entschieden.
    Endlich, es wurde Zeit.

Es ging nicht darum,
    welche Jacke ich wähle
oder welchen Film
    auf Netflix oder im Kino.

Was zu entscheiden war,
    würde mein Leben verändern,
ich war vorsichtig,
    war mir der Konsequenzen bewusst.

Ich stand an einer Gabelung,
    zwei Wege vor mir,
beide lockten auf ihre Weise
    mit je eigenem Charme.

Vorteile und Nachteile
    galt es abzuwägen,
nichts lag klar auf der Hand,
    ich tat mich schwer.

Der Rat meiner Freunde
    war hilfreich und stützend,
ihre Sicht klärte manches,
    was ich selbst nicht sah.

Doch gaben sie mir
    kein klar-eindeutiges Votum,
die Entscheidung abnehmen
    konnten sie nicht.

Ich rief zu dir, Ewiger,
doch du bliebst stumm,
die Antwort, die ich erbat,
ich erhielt sie nicht.

Auf dem Boden kauerte ich,
unschlüssig verzagend,
es war einsam um mich,
aber das musste wohl sein.

Ich gab nicht auf,
hielt meine Ungeduld im Zaum,
es fiel mir schwer,
das Tempo war ungewohnt.

Immer wieder erwog ich
die Alternativen,
mal schien mir die eine richtig,
dann wieder die andere.

Doch mit der Zeit
lichtete sich der Nebel,
die Waage senkte sich
für den Weg, den ich wählte.

Meine Seele sprach mir Mut zu,
sie spricht nicht oft,
beherzt sprang ich ins Wasser,
wie man so sagt.

Ich bin erleichtert
und ruhe in mir,
die ersten Schritte gehe ich nun,
zuversichtlich gestimmt.

Sogar Freude spüre ich
        und neue Kraft,
gelähmt war ich,
        das ist jetzt vorbei.

Der unterlegene Weg gibt sich
        noch nicht geschlagen,
kaum hatte ich entschieden,
        legte er Einspruch ein.

Mit neuen Argumenten
        versucht er mich umzustimmen,
du hast falsch gewählt,
        klagt er ungefragt, listig.

Doch ich kenne das
        und werde es aushalten,
eine erste Prüfung,
        ob meine Wahl Bestand hat und hält.

Du hast mir nicht
        den richtigen Weg bestimmt, Ewiger,
wie immer nimmst du
        meine Freiheit ernst.

Doch stärke mich für das,
        was jetzt neu beginnt,
gib mir Rückenwind
        und deinen ummantelnden Segen.

Neue Leidenschaft
        und sanfte Neugier soll mich erfüllen,
mein Blick geht nach vorn,
        das Grübeln war gestern.

Ich gehe aufrecht,
ein Lächeln im Blick,
und danke dir,
dass du mich so lässt, wie ich bin.

Ich bin nicht vorbei
– ein Psalm im Alter

Ewiger, die Zeit schreitet
unaufhaltsam voran,
nichts bleibt ewig,
außer dir, dem Einen.

Ich stehe am Abend
meines so bunten Lebens,
meine mir bleibenden Tage,
sie sind jetzt gezählt.

Alt bin ich geworden,
meine Kräfte schwinden,
meine Jugend verwelkt,
ich trag es mit Fassung.

Falten bilden die Landschaft
meines Gesichtes,
sie erzählen von den Jahren,
die ich erlebte.

Von den guten Tagen
wie von den schlechten,
sie wissen von Jubel
und wissen von Tränen.

Viele Wege bin ich gegangen,
ich zählte sie nicht,
viele Entscheidungen hab ich gefällt,
mal richtig, mal falsch.

Auf manchem Weg hielt ich an,
kehrte ich um,
mancher war mir versperrt,
mancher ein unerwarteter Umweg.

Dankbar schaue ich zurück
auf alles, was war,
und bin erwartungsvoll auf alles,
was kommt.

Meine frühe Schönheit
bewahren die Bilder,
doch auch jetzt bin ich schön,
nur eben anders.

Mit Würde hast du mich altern lassen,
so bin ich jetzt,
mein Lachen und auch mein Lächeln
sind mir geblieben.

Nicht erspart geblieben
sind mir Schmerzen und Wunden,
manche spüre ich immer noch,
es drücken die Narben.

Ich danke dir, du hast mir geholfen,
nicht zu verbittern,
starke Schultern gab es,
an die ich mich lehnte.

Vor meinen Augen erscheinen so viele,
die ich geliebt habe,
die meisten sind schon gegangen,
ich blieb zurück.

Als ich noch jung war, belächelte ich
keck die damals viel Älteren,
wenn sie von früher sprachen und klagten
und ihre Hände warnend erhoben.

Jetzt bin ich selber alt,
jung sind jetzt andere,
mit manch Neuem komme ich
so schnell nicht mehr mit.

Bewahre mich davor,
mein eigenes Früher zu verklären,
schließ mir den Mund,
wenn ich belehren will. Ungefragt.

Lass mich viel lieber hellwach
und neugierig bleiben
auf alles, was geschieht,
auch wenn ich nicht alles verstehe.

Gern will ich raten,
wenn man mich bittet,
den Schatz meiner Erfahrungen
teile ich gern.

Gelassen will ich dem Leben zuschau'n,
das um mich tanzt
und wieder einmal anders ist
und so facettenhaft reich.

Lass mich lachen, herzhaft,
gern auch mal albern,
würzen soll der Humor
auch mein jetziges Leben.

Erspart bleiben mögen mir
schlimme Krankheiten
und die Tücken des Alters
sollen mich nicht zu sehr belasten.

Und wenn sie kommt,
unausweichlich, die letzte Stunde,
dann lass mich zufrieden
und erfüllt meine Augen schließen.

Doch noch bin ich da
und noch lang nicht vorbei.
So vieles ist spannend
und neu zu entdecken.

Das Leben soll mich
auch jetzt überraschen,
die Leidenschaft in mir
ist längst nicht verglüht.

Sei du mit mir
und mit allen, die alt sind,
und segne die Jahre und Tage,
die uns noch erwarten.

Behüte alle, die jetzt mit Eifer
ihr frisches Leben gestalten
und die, die noch kommen werden,
wenn wir nicht mehr sind.

Ewiger, Ursprung des Lebens,
ich danke dir still,
du hast mich gewollt
und bis hierher begleitet.

Ich preise dich
und deinen heiligen Namen,
halte mich weiterhin fest
in deinen bergenden Händen.

In der Frühe
– ein Psalm am Morgen

Gepriesen bist du,
Herr aller Welten,
in der Frühe des Tages
sing ich dein Lob.

Ich sehe der Nacht zu,
der alles umgreifend dunklen,
zögernd weicht sie
dem aufgehenden Licht.

Seit Anfang der Zeit
verliert sie das tägliche Ringen,
alles, was dunkel war,
der Tag hellt es auf.

Bis dann am Abend
unaufhaltsam verlässlich
die Nacht zurückkehrt
zum Abschied des Tages.

Ein täglicher Kreislauf
seit ewigen Zeiten,
du hast ihn gewollt, Ewiger,
hast den Anfang gesetzt.

Ich strecke mich aus
nach der Wärme der Sonne,
die Spuren des Schlafes vertreibt sie,
wärmt meine Glieder.

Was mag mich heute
Neues erwarten,
Glück oder Unheil,
es steht noch dahin.

Bewahre mich, Ewiger,
halt mit mir Schritt,
lass mich vertrauen
auf deine stärkende Nähe,

damit ich echt
und uneitel lebe,
was vollmundig ich
in Liedern besinge,

als Mensch unter Menschen,
so wie ich bin,
hellwach und achtsam
für alles, was ist.

Damit ich am Abend
nicht unnötig hadere
und dankbar zufrieden
den Tag beschließe.

Gepriesen bist du,
Herr aller Welten,
in der Frühe des Tages
sing ich dein Lob.

Kleiner Morgenpsalm

Preisen will ich den Ewigen
am frühen Morgen,
wenn das Morgenrot sich zart
aus dem Dunkel erhebt.

Ich danke für die Ruhe
in der vergangenen Nacht
und mein Wachwerden
ohne lähmenden Traum.

So gewohnt erscheint mir
der tägliche Rhythmus,
ich gehe zu Bett
und stehe erfrischt wieder auf.

Ich will danken
für das verlässliche Herz,
das niemals ruht
und mich am Leben erhält.

Nicht muss ich immer neu
Obdach suchen,
nicht fliehen vor
nächtlichen Granaten und Bomben,

behütet bin ich
in meinem vertrauten Zuhause
und weiß mich geborgen
und gut geschützt.

Für all das will ich
dir danken, Ewiger,
und will nicht vergessen,
was mir so selbstverständlich erscheint.

So viele können nur träumen
        von einem Leben wie meinem,
ich bitte für sie
        und für alles, was sie bewegt.

Mit meinem Dank und meiner Bitte,
        mit beidem,
begrüße ich den neuen
        und frisch startenden Tag.

Segne mich, Ewiger, und alle,
        die mir heute begegnen,
und wache über das,
        was ich tue und sage.

Immer wieder
– ein Rückenwind-Psalm

Ich preise dich, Ewiger,
        Halt meines Lebens,
meine zerbrechliche Seele
        singt leise dein Lob.

Seit Ewigkeit hast du
        mich gedacht und gewollt,
deiner Idee von mir
        jage ich nach.

Sie zu erkennen, ist Sinn
        meines Lebens,
ihr ähnlich zu werden,
        mein schwieriges Ziel.

Den richtigen Weg lässt du
        mich suchen und finden,
mein Tun und mein Lassen,
        du stellst es mir frei.

Nicht Marionette bin ich,
        von Fäden gehalten,
du spielst nicht mit mir,
        lenkst nicht jeden Schritt.

Du hast nicht alles vorherbestimmt
        bis ins kleinste Detail,
meine Freiheit, sie ist für mich
        dein größtes Geschenk.

Schön ist es, großartig,
        doch auch riskant,
das Geschenk zu missbrauchen,
        ist stete Gefahr.

Die lauert listig
bei jeder Entscheidung,
meine dunklen Seiten
füttert sie rasch.

Kraftvoll und mutig will ich
ihr aufrecht begegnen,
ihr Locken und Täuschen,
ich wehre es ab.

Mühsam ist es,
nicht vorschnell zu wählen,
welcher Weg richtig ist
und welcher falsch.

Oft ist es der, der schwer scheint
und unbequem steinig,
nicht immer ist der leichte
die richtige Wahl.

Doch ich weiß dich immer
an meiner Seite,
meine Seele atmet
dein lautloses Wort.

Immer wieder stellst du mich
neu auf die Füße,
wenn ich mutlos und ängstlich bin:
Du bist da.

Ich bin der, der ich da bin,
so lautet dein Name,
seit Ewigkeit auch ist er
dein heil'ges Programm.

Ich spüre es wirken
in meinen Ideen und Plänen,
Rückenwind gibst du mir
und deinen Segen dazu.

Ich fürchte mich nicht
vor unbekannt Neuem,
es fordert heraus
und strafft meine Segel

Erschütterbar und
mutwiderständig zugleich
erwarte ich neugierig-froh
die kommende Zeit.

Lebendig und aufmerksam
sei mein ehrliches Wirken
und fair und gerecht
mein tägliches Tun.

Und tanzen will ich
mein saftiges Leben,
dankbar für jeden
erfrischenden Tag.

Ich preise dich, Ewiger,
du Quelle des Lebens,
mein kraftvoller Antrieb
und mein bleibender Halt.

Bepráchtigt

– ein Psalm zur Würde des Menschen

Preisen will ich dich, Ewiger,
        Herr aller Zeit,
Urgrund des Lebens bist du,
        sein Anfang und Ende.

Milliarden Jahre fließen dahin
        mit ihren Tagen und Nächten,
du allein bleibst, Quelle von allem,
        was wird und vergeht.

Nur du kennst
        die Grenzen des Kosmos,
die Zahl der Sterne und Welten
        ist einzig nur dir bekannt und vertraut.

Bunt und vielfältig
        ist deine bezaubernde Schöpfung
und ebenso rätselhaft,
        voll ungelöster Geheimnisse.

Sanft und grausam zugleich
        zeigt sich die Kraft der Natur,
unfassbar, faszinierend
        übersteigt sie unser Begreifen.

Unergründlich sind deine Gedanken
        und ewigen Pläne,
am Versuch, sie zu erfassen,
        scheitert der Mensch.

Doch hast du herausgehoben ihn
        aus der Schar deiner Werke,
von Ewigkeit an hast du
        als Ebenbild ihn gedacht und gewollt.

Mit größerer Würde hast du
kein anderes Lebewesen beprächtigt,
mit strahlender Schönheit
steht er aufrecht vor dir.

Über alles, was deine Hände geformt,
hast du ihn erhoben,
endlos war dein mutig liebendes
Vertrauen in ihn.

Als schönstes aller Geschenke
hast du ihm Freiheit verliehen,
die gefährliche Macht, sich entscheiden zu können,
so oder so.

Immer dann, wenn er sie vorsichtig nutzt,
gewissenhaft und gradlinig-behutsam,
sich ihrer würdig zeigt
mit uneitlem Stolz und mit Feingefühl,

immer dann, wenn Menschen
sich achten, sich mit Würde begegnen,
wenn weder Hass noch Eifersucht
ihre Mienen versteinern,

schaust du zufrieden, Ewiger,
auf ihr von Respekt geprägtes, lichtvolles Leben.
Ihre ehrlichen Alltage sind für dich
das liebste Gebet.

Doch ebenso oft missbrauchen
sie frech ihre Freiheit,
wenn herzlos und quälend
die Bestie in ihnen grausam erwacht.

Wenn sie dem Nachbarn drohen
in blinder Wut, mit tödlichen Waffen
und gnadenlos unschuldiges Blut
in Strömen vergießen.

Wenn sie mit kaltem Gesetz
der Liebe die Flügel beschneiden,
herablassend herzlos bestimmen,
wer sich lieben darf und wer nicht.

Wenn sie in maßloser Eitelkeit, dich, Ewiger,
für ihre schäbigen Ziele missbrauchen,
die eigene Religion schändlich
zur Artillerie pervertieren.

Dann bebst du vor Zorn
und bitt'rer Enttäuschung,
wenn dich dein Ebenbild
dreist und ohne Reue verrät.

Doch immer wieder auch legt sich
dein Zorn und dein Schmerz,
wenn Menschen sich selbst
und ihre Gräben forsch überwinden.

Kraftvoll und mächtig
zeigt sich die Würde des Menschen,
wenn er die Würde des anderen
respektvoll begrüßt.

Hellwach soll er bleiben
und aufmerksam-mutig
gegen Unrecht und Ausgrenzung
laut seine Stimme erheben.

Nichts ziert die Menschen mehr
als diese achtsame Achtung.
Alle sind Ebenbilder des Ewigen,
darin liegt ihre Würde.

Durch ihr glaubwürdiges Wirken
preisen sie dich, Ewiger, Herr aller Zeit,
mit ihrem Leben, ungebeugt,
beatmest du deine gefährdete Welt.

Durchpulst
– ein Kein-Abbild-Psalm

Ewiger Schöpfer,
 du Quelle der Vielfalt,
den Menschen hast du geschaffen
 nach deinem Bild.

Doch wer hat
 dich je gesehen,
wem hast du dich je gezeigt,
 so, wie du bist?

Deine Größe und Macht
 übersteigt unser Begreifen,
niemand kann
 deine Weite erfassen.

Die Versuche, dich zu bebildern,
 belächelst du milde,
kein Maler wird
 dich je porträtieren.

Du bist die Kraft,
 die alles durchpulst,
der Atem der Welt,
 ohne den nichts wird und lebt.

Du willst, dass es gibt,
 was es gibt,
du bist die Liebe,
 die alles durchglüht.

Du bist der Friede,
 der vergibt und versöhnt,
der kalte Mauern durchbricht
 und alte Gräben füllt.

Du bist die Hoffnung
in mutlosen Stunden,
du bist die Vollendung
und der Meister der Zeit.

Stoßgebet-Psalm

Ewiger,
    mir reißt die Geduld,
warum strafst du mich
    mit diesem unerträglichen Menschen.

Sein dummes Geschwätz
    ist kaum auszuhalten,
sein Prahlen und Wichtigtun
    widern mich an.

Er will immer im Mittelpunkt stehen,
    liebt die Bühne,
alle anderen sind für ihn nur Publikum,
    erwünschte Claqueure.

Lass mich durchatmen
    und verschaff mir Luft,
damit ich aushalte
    und mich nicht hinreißen lasse

zu bissigen Kommentaren
    und zynischen Worten,
die ich später bereuen würde,
    denn so bin ich nicht.

Es ist nicht leicht,
    manche Menschen zu ertragen,
doch sagen das andere
    vielleicht auch über mich.

Lass mich gelassener
    und großmütiger werden
und die Menschen nehmen,
    so wie sie sind.

Denn auch ich bin nicht einfach,
    nicht immer wohltemperiert.
Mein unbestechlicher Spiegel weiß es.
    Und nicht nur er.

Falte ihre Haut
– ein Fluchpsalm

Mein Puls jagt, ich bin atemlos,
        wild klopft mir das Herz in der Brust,
ich kann und will mich nicht beruhigen,
        die Wut kocht in mir. Lodernd.

Den falschen Menschen habe ich vertraut,
        mich blenden lassen von geschicktem Glanz,
naiv und gutgläubig war ich,
        wähnte mich stolz auf richtiger Spur.

Ihre List durchschaute ich nicht,
        ihr falsches Gerede und Tun,
ihre Fallen waren gut getarnt,
        haltlos fiel ich hinein.

Strafe sie, Ewiger, lass sie nicht durchkommen,
        lass ihre Bärte nach innen wachsen,
zieh ihnen das Grinsen aus dem Gesicht,
        falte ihre Haut. Mehrfach.

Lass ihre Anmut verwelken,
        übler Geruch soll sie umhüllen,
hervortreten soll ihr wahres Gesicht,
        die getünchten Masken, fallen sollen sie.

Ich rase vor Zorn,
        tief verletzt und gedemütigt.
Sei du, Ewiger, der Gott meiner Rache,
        entfache sie, zögere nicht.

Nie wieder sollen sie es wagen,
        Fallen zu stellen, zu täuschen,
Menschen ins Elend zu stürzen,
        herzlos, ohne die Spur einer Scham.

Eine harte Lektion soll sie erschüttern,
ihre üblen Strategien, fahl sollen sie werden,
schon von Ferne soll man sie durchschauen,
ihr raffiniertes Spiel zieht nicht mehr.

Auf dem Boden kriechen will ich sie sehen,
im Staub statt in ihrer arrogant-satten Pracht,
jammern sollen sie, um Verzeihung winseln,
doch ich höre nicht hin. Noch nicht.

Versöhnen kann ich mich nicht,
zu tief klaffen Wunden,
zu groß das Misstrauen,
dass auch ihre Reue falsch und verlogen ist.

Ich halte mich aus,
das ist schwer genug,
ich mag die schwarzen Gefühle nicht,
die mich randvoll erfüllen.

Doch sie sind da,
mögen sie irgendwann schwinden,
möge das wütende Feuer verlöschen,
noch kann ich die Hand nicht reichen.

Es ist noch zu früh,
kein falscher Friede,
der doch nicht hält,
ich brauche Zeit.

Im Köcher meiner Seele
hat die Wut ihre Stunde,
doch wartet auch dort,
still, im Verborgenen,

Friedvolles, geparkt und bereit,
        um Brücken zu schlagen,
nach vorne zu schauen.
        Später. Jetzt noch nicht.

Unverdrossen

Sieh auf mich,
    Ewiger Gott,
meine Hände erhebe ich
    zu dir.

Aus dem Dunkel
    befreie mich, Ewiger,
führe mich
    aus der unbarmherzigen Nacht.

Ohne dich ist mir
    alles leer,
ohne Sinn
    stolpere ich herum.

Die Spötter
    verlachen mich hämisch,
zeig mir deinen Gott,
    zischen sie kalt.

Mein Beten
    karikieren sie spitz,
eine Witzfigur bin ich für sie.
    Lächerlich.

Mich schmerzt es,
    wie sie mich demütigen
und mich und
    meinen Glauben verspotten.

Noch mehr aber
    leidet still meine Seele,
wenn sie sich vergreifen
    an deinem heiligen Namen.

Lass sie mit ihrer List
nicht gewinnen,
lass mich standhalten
in Treue zu dir.

Nicht verwunden
sollen mich künftig ihre Pfeile,
ihre vergifteten Worte
mich nicht mehr treffen.

Unverdrossen will ich
weitergehen meinen Weg,
wenn du mich beschützt
mit deinen mächtigen Schwingen.

Dann tanzt meine verletzte Seele
einen behutsamen Tanz,
sie füllt sich wieder mit Lust
am reich-bunten Leben.

Meine getrübten Augen
glänzen erneut,
festen Boden fühle ich
erneut unter den Füßen.

Von meiner Freude an dir
will ich erzählen,
mit meinem Leben
preise ich meinen Gott.

Gelobt und gepriesen
sei der Ewige,
sein Atem durchpulse mich
an jedem Tag.

Neuer Hirtenpsalm
(nach Psalm 23)

Der Herr ist mein Hirte,
    das genügt mir,
mehr brauche ich nicht.
    Wirklich!

Er behütet mich dort,
    wo immer ich auch bin,
und füllt meine Sehnsucht
    mit hellwachem Leben.

Meine unruhige Seele besänftigt
    und streichelt er,
sie kommt zur Ruhe
    durch seine heilende Nähe.

Mit feurigem Eifer füllt er
    meine leeren Speicher,
ich berste vor Energie,
    könnte jubeln und tanzen.

Die Wege, die ich gehe,
    begleitet er,
einfach so, von sich aus,
    auch ohne mein Bitten.

Auf meinen Umwegen und Sackgassen
    verlässt er mich nicht.
Er hält mich aufrecht
    mit göttlicher Treue.

Wenn das Licht verschwindet
    und die Nacht mich bedroht,
wird mir nichts geschehen,
    er bleibt an meiner Seite.

So wie ein guter
        und wachsamer Hirte,
der sein ängstliches Schaf
        niemals verlässt. Niemals.

Alle, die mich verachten
        und mir übel nachstellen,
werden still und kleinlaut,
        wenn sie sehen, wie er mich umsorgt.

Mit wunderbarem Duft umhüllt er mich,
        er macht mich schön,
das Glas, aus dem ich trinke,
        wird niemals leer.

Seine Güte und Barmherzigkeit
        will ich loben mein Leben lang,
bis ich einst erlösende Ruhe finde
        in seinem ewigen Haus.

Dort werde ich für alle Zeiten
        in Gott geborgen sein,
in seinem alles umfassenden Frieden,
        der niemals endet.

II. GEDICHTE / MEDITATIONEN

noch

die sonne
am morgen
bändigt
ihre kraft

noch

ich
am morgen
warte
auf mich

noch

die welt
am morgen
bleibt mir
stumm

noch

noch
tauche ich
wortlos
in der stille

und

hoffe mich
nicht
zu verpassen

später

traumerwachen

ich schlage
die augen auf
nach unruhigem schlaf

und finde
den traum nicht mehr
ein schales gefühl

ich weiß nur noch
er war nicht schön
der traum

später, mitten am tag,
blitzen facetten auf
uneingeladene

sie
befeuern die furcht
vor der nächsten nacht

doch vielleicht
ich wünsche es mir
träume ich mich dann
in eine andere geschichte

eine helle, spannende
überraschend schöne
in der ich gerne bliebe

wenn es denn ginge

am morgen

die träume
reibe ich mir
wie sand
aus den augen

locke
das licht
in die seele

den frischen tag
betrete ich
zögernd

und doch
schritt für schritt

einen segen
leihe ich mir
für das
was kommen mag

für alles
schwere
und schöne

erst dann

heute früh
sah ich lange
auf die wippenden
löwenmäulchen
zart umwindet

heute früh
hörte ich aufmerksam
auf die zwitschernden
spatzen
keck sich neckend

heute früh
spürte ich wärmend
die aufgehende
morgensonne
sich selbst genügend

und ließ meine
seele an die luft

erst dann
die nachrichten
erst dann

tanzwind

dem wind
lausche ich

in den sich
der baum schmiegt

mit seinen blättern
lässt er sich tanzen

und hält doch stand
kompromisslos

heitere bewegung
sphärischer klang

in seinen armen
reich verzweigt

die rhythmen
des windes

manchmal tanzt
er zu wild
der zeitlose tänzer

dann fällt
ein blatt
vor der zeit

und hält seinen
herbst

für sich
allein.

damals

nicht die steine sind es
die heilige orte markieren
nicht die kirchen
die sie kostbar einzäunen
nicht das „hier ist es gewesen“
des gut vorbereiteten reiseführers
bewegen meine seele

das licht ist es
an einem frühen morgen am see
das leise rauschen
des mündenden quellbaches
der ton eines vorbeiziehenden vogels
die behutsamen klänge des schweigens

auch damals
war das aufgehende licht
auch damals
war das farbenspiegelnde wasser
auch damals
die würzige morgenluft
die zeit verliert ihre grenze

mit den augen des andreas
der maria von magdala
der söhne des zebedäus
und der schwiegermutter des petrus
schaue ich auf das galiläische meer
den see genesareth,
den harfensee – jam kinnereth

und atme in tiefen zügen
randvoll gefüllte stille

fremd zuhause

frühmorgens
in jerusalem
in den augen
noch ein wenig schlaf
traumfetzen
verblassen langsam

ein kaffee
auf die schnelle
dann hinaus
die brotverkäufer
vor unserer tür
übertönen sich lautstark

ich ziehe vorüber
an der stadtmauer vorbei
hinunter ins kidrontal
hinauf auf den ölberg
auf halber höhe
finde ich meinen platz

hinter mir geht
die sonne auf
schickt ihr licht
auf die erwachende stadt
färbt die steine
goldenes jerusalem

ich sitze und schaue
und schweige und lausche
der zarten glocke von
st. maria magdalena
dem russischen kloster
nicht weit von mir

und fühle mich
fremd und zuhause
in dieser so
unheilig-heiligen stadt

die ich liebe
stürmisch und doch
oft nur
aushaltend ertrage

betlehem

ich wüsste gerne
was sie geträumt haben
in bethlehem

vom richtigen bett
zuhause in nazareth
von der in eile
nicht verschlossenen tür
von den blicken der nachbarn
auf die schwangere frau
unverheiratet

ich wüsste gerne
was sie geträumt haben
in bethlehem

vom ende der römischen herrschaft
von weniger steuern
vom bau eines neuen hauses
endlich

ich wüsste gerne
was sie geträumt haben
in bethlehem

ich wüsste es gerne
ich weiß es nicht

ich wüsste gerne
was sie heute träumen
in bethlehem

von geöffneten mauern
vom abbau der checkpoints
von neuen chancen für ihre kinder
von einem urlaub weit weg

von der rückkehr des friedens
nicht erst irgendwann

ich möchte träumen,
dass sie nicht nur träumen
was sie träumen

zweitausendvierzehn

immer wenn ich
zur straßenbahn gehe
sehe ich diesen stein
ein gedenkstein.

er erinnert an
muhammad

ein junger palästinenser
sechzehn jahre alt
aus einer familie
in meiner nachbarschaft

am zweiten juli
zweitausendvierzehn
saß er auf den Stufen
vor dem geschäft
seines vaters

ein auto stoppte
männer stiegen aus
zerrten ihn in das auto
fuhren in den
jerusalemer wald
schlugen ihn, quälten ihn
und töteten ihn dort
sie verbrannten ihn
bei lebendigem leib

brutale rache
fanatischer extremisten
aus israel
für die tat
fanatischer extremisten
aus palästina

drei israelische Jugendliche
hatten sie entführt
und ermordet

sinnloser kreislauf
von hass, rache
und vergeltung

vier lebensfäden
zerrissen, einfach so
zufällig ausgewählt

„wir gehören allah und
werden zu ihm zurückkehren"

der letzte satz auf dem
gedenkstein

wenn sich das doch
einnisten würde
tief, sehr tief
in die vergifteten herzen

dann wäre
alles verändert

zwiesprache toter kinder

„dein vater
hat mich getötet“,
sagt ariel,
fünf jahre alt, aus tel aviv

„und deiner mich“,
sagt yassir,
fast vier, aus gaza

„das wollte er nicht“,
sagt ariel,
„und meiner auch nicht“,
sagt yassir

dann schweigen sie
lange
sehr lange

und weinen
um ihre väter

rabin

drei schüsse
in den rücken
feige
ohne blick
zu blick

vierter november
neunzehnhundertfünfundneunzig

yitzhak rabin
stirbt
der friede
die einmalige chance
wird erschossen
ist tot
bis heute

der mörder
kein palästinenser
drückt den abzug
dreimal
in den rücken

und
lächelt

bis heute
wie
ein gewinner

ein neunter november

sie ist unübersehbar
und zerschneidet den ort
die mauer die abu dis trennt
den ort bei jerusalem

ich bin hier zur messe
bei den französischen schwestern
von ihrem garten fällt mein blick
auf diese kalte riesige wand

die messe feiert den weihetag
der römischen lateranbasilika
kein fest für mich heute
mit meinen gedanken woanders

es ist der neunte november

er erinnert mich an die schrecken
der novemberpogrome
an unsagbare verbrechen

er erinnert mich auch
an den befreiten jubel
beim fall der berliner mauer

die mauer von abu dis
steht und trennt was
früher zusammengehörte

wie viele mauern müssen
noch fallen, auch in den
köpfen, auch in den herzen

hier im heilig-unheiligen land
und überall wo hass und verachtung
die menschen giftig entzweit

„puisse ce mur tomber
un jour ici aussi“
möge diese mauer
auch eines tages fallen
bitte und bete ich
in der messe

im garten der schwestern
schließe ich kurz die augen
und lasse die mauer
träumend verschwinden

realitätsfremd naiv
ein tagtraum

der ruf des muezzin
von der anderen seite
beendet ihn unsanft

ein traum
kurz wie ein wimpernschlag

unerfüllt
leider

noch

feuerpause

was für worte

ceasefire
feuerpause

truce
waffenstillstand

urlaub vom
töten
sterben
leiden
verzweifeln

atemholen
im krieg
der nur
den feuer-atem
anhält

für stunden
für tage

kurzgarantie
für soldaten
den abend zu erleben

kurzgarantie
für zivilisten
durchschlafen zu können

ohne bomben
ohne raketen
ohne sniper
ohne gewalt

hoffentlich

eine brüchige
garantie
hauchdünn
so schnell verletzt

und danach?

nur nicht
daran denken

jetzt nicht

coexistence

fünfmal am tag höre ich den ruf
des muezzin
er ruft zum gebet

am frühen morgen
am mittag am nachmittag
am abend und zu beginn der nacht

jeder muslim jede muslima
weiß was jetzt zu tun ist
beten

da wo man gerade ist
küche straße bus
eine kurze unterbrechung
des alltags

was tue ich in diesen minuten
ich bin christ
das gebet der muslime
kann ich nicht sprechen

aber soll ich weiter
meinen kaffee trinken
wäsche aufhängen
meine texte schreiben
die quiche in den ofen schieben
domins gedichte lesen

als
ginge
mich
das
alles
nichts
an
?

ich lebe in der stadt
der drei religionen
vieles trennt uns
das wichtigste
verbindet uns:

der eine gott

kann ich auch
ein gebet sprechen
wenn der
muezzin zum gebet ruft
wenn die sirene
den shabbat ankündigt?

ich kann

ich suche in mir einen text
einen den wir alle
sprechen könnten
juden christen muslime

unser trierer pilgergebet
weist mir den weg
ich finde worte
und schreibe sie auf

„Allmächtiger, Ewiger, Du bist der Einzige.
Niemand ist Gott außer Dir. Gepriesen sei Dein heiliger Name.
Erbarme Dich über uns und die ganze Welt,
gedenke Deiner Menschheit und führe zusammen,
was getrennt ist.“

ich versuche
es fünfmal zu sprechen
manchmal schaffe ich es
auch nur dreimal
manchmal nur einmal
gott kennt mich

eine brücke zu allen die hier leben
in des ewigen heilig-unheiliger stadt
jerusalem

es gibt viel was uns trennt
es gibt mehr was uns eint

vatertag

der verlorene sohn
eine geschichte
bekannt und gedeutet

ich traue mich
zwischen die zeilen

der vater
zwei söhne

vielleicht weitere
und schwestern

von der mutter
ist keine rede

der treue sohn:
zorn und
enttäuschung

der wiederkehrende:
scheitern
und bitten

der beiden vater:
großmut
und verständnis

für beide
für den älteren
für den jüngeren

vielleicht noch mehr
für den der ging
als er ging

mutig
unangepasst
die freiheit im blick
die sehnsucht
zu finden

vielleicht träumte
er selbst einmal
der vater, früher,
einfach wegzugehen
das eigene zu suchen

aber er blieb
er wagte
es nicht

seine träume
blieben geträumt

doch sie umhüllten
den jüngsten
wie ein mantel
ohne ein wort
wie ein segen

als er ging
schaute er ihm
nach – lange
wehmütig und stolz
in gedanken war er
immer dabei

fremd für den älteren

das naheliegende
das vernünftige
das man muss doch
war sein mantra
sein tägliches

auch das kannte
der vater
von seinem vater
und der von seinem

niemals unterbrochen
die kette
es war doch immer so

der vater beider
seine kinder
seine träume
sein scheitern

die facetten
verteilt auf alle

mit sich versöhnt
barmherzig mit grund

die hoffnung
dass auch die söhne
dereinst

ohne missgunst
ohne klischees
mit all ihren farben

hellwach und respektvoll
ein gespräch
sich sind

die gleiche

in meinem
hängesessel fange ich
die strahlen der abendsonne
bis sie erlischt

es ist die gleiche
von gaza und kiew

ihre farbenshow
genieße ich
nicht wie sonst

fast schäme
ich mich
weil es mir gut geht

winterstarr

überall
knospen

der winter
zieht sich
zurück

in meiner
seele
bleibt er

uneingeladen

hoffnung

die wüste blüht
wenn auch nur
für bemessene zeit

eine lektion
der lehrmeisterin
natur

in der hitze
des sommers
bewahrt sie

tief behütet
das nächste blühen

gegen harten
widerstand

unaufgefordert

ohne absicht

mein schritt
auf
nassem asphalt
hinterlässt
eine spur

nur kurz
kaum
sichtbar

und doch
war ich
da

mit meinem
lächeln
dem zerzausten
haar

den worten
die ich sagte
jemandem
im vorbeigehen

die ich vergaß
kaum
gesprochen

sie nicht

die worte
trafen
den punkt
den ich
nicht kannte

nie
kennen werde

sie wird mir
danken
in die luft

nicht hören
werde ich es

großartig werde
ich mich
nicht nennen
kein applaus

nicht von außen
nicht von innen

ohne absicht
mein säen
am wegesrand

bisweilen
geht sie auf
die saat

ohne mich

und doch
war ich
da

wohin du nicht willst

s   nanche bücher
so   nche worte
und z   te begleiten
uns ein   ben lang

präsent in   lltag
oft und ger   rinnert
doch andere   r manchmal

sie warten son   m schatten
die jahre selbst   weben
sie mit unserem   en

ganz eigen, unverw   hselbar
gehören sie zu uns

ein künstler malt ein b
mit einer intention
hat eine idee
hat eine botschaft

und doch kann ich
noch etwas anderes
in ihm entdecken
nur für mich

so ist es auch
mit worten und geschicht
die unverzichtbar kostbar
meine seele tief berühre

ein solches wort
steht bei johannes
im vierten evangelium
kapitel einundzwanzig

„… als du noch jung warst,
hast du dich selbst gegürtet
und konntest gehen,
wohin du wolltest,
wenn du aber alt geworden bist,
wirst du deine hände ausstrecken,
und ein anderer wird dich gürten
und dich führen,
wohin du nicht willst …“
(joh 21,18)

der kluge theologe weiß
genau was jesus meinte
und seinem petrus
sagen wollte

das „anders als ich wollte“
kenn ich auf meine weise
nicht so brutal wie petrus
doch oftmals hart genug

doch auch das
hände ausstrecken
das gut geführt werden
und das unerwartet neue
gehörte und gehört dazu

wenn leben sich
ganz anders zeigt
als meine Wünsche

und türen neu geöffnet
werden und schmerz
enttäuschung und auch wut
den schritt nicht lähmen

der dann zu wagen ist
gelassen und mit neugier
mit unverdross’nem mut

und auch ein bisschen
frech und lebenskeck

das lebensdichte wort
johannes einundzwanzig
tritt wieder mal
aus seinem schatten

gedankenfetzen

wir sind unterwegs
die zeit fliegt
wir warten
geduldig
manchmal ungeduldig

tausend jahre sind
für dich,
ewiger,
wie ein tag (ps 90,4)

für dich,
wir sind menschen
so viel zeit haben wir nicht

wir fahren und warten
gleichzeitig
sind neugierig
wollen etwas erleben
wir leisten uns was
genießen das leben

aber trotzdem warten wir

wir sind glücklich
es fehlt uns nichts
wir fahren in urlaub
wir fahren ans meer
wir fahren auf die alm
wir erholen uns, versuchen es

aber wir reisen nicht
wir gehen nur irgendwohin
schnell
bequem
möglichst schnell

reisen heißt doch
mit abenteuer rechnen
mit dem unerwarteten
mit überraschungen
warten
sich umorientieren
anders als geplant weiterziehen
heißt manches ertragen müssen

wir wollen nur irgendwohin

wechseln die klamotten
sind nicht mehr offiziell
wir streiten uns trotzdem
über nebensächlichkeiten
zimmerbuchungen
das essen
eintrittskarten

es ist anders und doch gleich
wir reisen nie von uns weg
wir sind immer die gleichen

trotzdem erholen wir uns
wir sind menschen

wir sind immer unterwegs
alles ist bewegung
das leben ist eine reise

jeder hinterlässt spuren

erfahrungen
blicke
lachen
tränen
umarmungen
freunde
menschen

nichts ist umsonst

ich sitze bequem
und bin doch unterwegs
mit mir und meinen gedanken
wo will ich ankommen

und was ist entscheidender
das ankommen oder das reisen

das ankommen sagt die alte kirche
denn das ist der himmel
das unterwegssein sagen wir heute
weil wir uns nicht mehr so ganz sicher sind
ob es ihn gibt den himmel

jetzt ist jetzt

ich hoffe auf die ruhe am ende der reise,
auf ewige ferien, auf den himmel,
die große überraschung am ende der straße

später
jetzt reise ich

das unerfüllte,
die sehnsüchte,
die träume,
die kämpfe
sind im gepäck.

ich bin lebendig

die kraft kommt nicht aus mir
sie kommt vom anfang und ziel meiner reise

ich reise nie allein
ich vertraue auf gott

denn er ist
vertraut mit all meinen Wegen (psalm 139,3)

drachenkämpfer
– zum georgstag

die drachen von heute
treten dir nicht offen
in den weg

du kannst sie nicht töten
die lanze nicht werfen
ihr feuer nicht löschen

die drachen von heute
fauchen und brüllen nicht
sie schminken sich harmlos

dreh dich um
lass sie nicht aus den augen
hinter deinem rücken
spinnen sie giftige netze

durchbohre ihre lügen
ihre hinterhältige list
ganz ohne gewalt
mit deinem direkten blick

unverstellt
frei
seelenehrlich

sei du
so wie du bist
angstmutig

dein lachen und schweigen
und auch deine tränen
ertragen sie nicht

dann ...

beeindruckt
berührt
fasziniert

von

blendendem aussehen
großen worten
perfekter performance

bis

die scheinwerfer erlöschen
die schminke schwindet
der beifall verebbt

dann
ja dann ...

überdröhnt

nimm es
nicht so tragisch
sagte er

als er hörte
von meinem
rauswurf

wenn eine tür
sich schließt
öffnet sich
eine andere

mag sein
antworte ich
mag sein

doch
der knall
der

mutwillig
respektlos
höhnend
zugeschlagenen tür

überdröhnt
meine hoffnung

noch

lächeln, das andere

deinem lächeln
traue ich nicht
deinen komplimenten
traue ich nicht

deinen vorschlägen
traue ich nicht
deinen versprechungen
traue ich nicht

und würde es
so gerne

aber

weil ich weiß
leider
was du sagen wirst
wenn die tür sich schließt
du luft nimmst
mit einem
so ganz anderen lächeln

wie alle die siegen wollen
ohne je zu gewinnen

erwischt

eine szene
immer die gleiche
wechselnde akteure

in der bahn
egal wo

gesichter
nicht erkennbar
gebeugt
über smartphones

abgeschlossene welten
kopfhörer als zugabe
sprich-mich-nicht-an-signale

zwischendrin
einige wenige
sehr wenige
bücher lesend
aus dem fenster schauend
ins gespräch vertieft

exoten

so schade denke ich
und betrachte die
gebeugten
und ihr werkzeug
wer gehört wem?

in den sitzreihen
die immer gleiche haltung
der flinke Finger
fast witzig
eigentlich traurig

ich bedauere
ich belächele
doch

diese zeilen
tippe ich

gebeugt
in
mein
smartphone

erwischt

en face

in die tasten hauen
unreife gedanken
schnell gezückte spitzen
urteile einfach so

ist gar nicht schwer
geht leicht von der hand
nicht selten jedenfalls

doch

manches wort würde
nie fallen
manche attacke
nie ausgeführt
manches bedauern danach
nicht nötig

wenn

en face
klar und direkt
kontrovers aber fair

die worte bedacht würden
mit blick in die augen

wenn sie …

wenn ihnen das notebook
zur waffe wird
das smartphone zum
schneidenden schwert

wenn sie meinen
alles und jedes
kommentieren zu müssen

mit ihrem halbgaren wissen
gezückt im vorschnellen spruch

wenn ihre finger
hassworte tippen

die sie nie sagen würden
face en face

wenn sie urteile fällen
gnadenlos
über menschen

die sie nie gesehen
nie gesprochen
nicht im ansatz kennen

wenn sie sich einnisten
in ihren vorurteilen
sie lustvoll zelebrieren

wenn sie in arroganter manier
nachhilfe erteilen, ungefragt
grundsätzlich alles besser wissen

wenn es ihnen völlig egal ist
was ihre giftworte anrichten
wen sie zur strecke bringen

wenn sie wie jäger lauern
auf ihr nächstes opfer
um es zu erlegen mit wortschuss

wenn sie sich horden
zur treibjagd
zum tödlichen mobben

wenn sie selbst nie zuhören
keine kritik ertragen können
nicht die leiseste

wenn sie ...

ausgeweidet

mein glaube
ist ausgeweidet

wann es geschah
erinnere ich nicht

was ihn einst ausfüllte
leidenschaftlich, herzstark

herausgerissen ist es
entleert die brüchige hülle

mühsam hält sie die form
ohne feuer, mechanisch

meine gebete sind
lästige pflichten

nichts bewegt mich
rührt mich an

nur die erinnerung
lässt mich standhalten

verhindert schmerzmühend
den sturz in die nacht

wenn

wenn das alles
nur ein traum war
ein märchen

jesus
ein toller hecht
aber nicht
gottessohn

nicht auferstanden
tot
wie alle

bliebe doch
sein wort

das stützende
um im jetzt

nicht zu verzweifeln

flackern

mir ist kalt
meine seele friert
schon so lange

mein glaube
nährt sich
nur noch

aus der erinnerung
der aufsteigenden
manchmal

verschattete Bilder
mühsame kost

meine gebete
sind worte
nicht mehr

damals
brannte ein feuer

gottbetrunken
wärmte ich dort
meine seele

die erinnerung
trägt ein flackern
in meine kälte

ich umfasse
es zart
mit zitternden händen

damit nicht alles
erlischt

sturfest

so wie ich bin
stelle ich mich in den wind

er zaust durch mein haar
wild und von allen seiten

ich halte mich in mir fest
klar, trotzig, widerspenstig

der lust zu scheitern
geb ich nicht nach

dem gelben hut
lache ich hinterher

der wind fegte ihn mir
spiel-leicht vom kopf

den kleinen sieg
gönne ich ihm

sonst aber halte ich
wurzelstark stand

so wie ich bin
verletzbar, fehlbar und kantig

steh ich sturfest
im nagenden wind

wie ein erdverankerter baum
saftig und stolz
und trotze den stürmen
und den listigen wurzelgräbern

und halte mich fest in mir
lebenskeck

und leiste mir unkündbare hoffnung
im gegenwind

entstürmt

meine seele
gibt keine ruhe

sie bändigt mir
die stürme nicht

legt sich der eine
erhebt sich ein anderer

ohne pause

meine seele
ein zarter nachen
rastlos
im schäumenden
meer

nacht legt
sich auf ihr ringen

ihre sehnsucht:
an ein ufer
getrieben zu werden

entstürmt
lebenssatt müde

und
angekommen
glücklich

endlich

fastenzeit

keine großen worte
keine riesenvorsätze
die ich doch brechen muss
weil ich mich kenne

nur das:

stehen bleiben
für einen augenblick
für mehr als einen

den spalt ansehen
ohne scheu

zwischen mir
und dem

der ich sein soll
der ich sein kann
der ich sein will

mir selbst brücken schlagen

behutsam
ohne gewalt

mich finden
aus dem zerrissen-sein

wieder vor gott
in mir selbst ruhen

erst dann
erst dann

weitergehen

so nicht

seit ich
die psalmen
ernst nehme

kann ich
nicht mehr
alle beten

„der meine hände
den kampf gelehrt hat,
meine finger den krieg"
heißt es in
psalm 144

ich lese und
breche es ab
mein gebet

die raffinierten weichzeichner
und schlauen theologen
überzeugen mich nicht

so nicht
stammle ich
ewiger
so nicht

und ich ahne
du antwortest

ja
so nicht.

WÜRDE UNANTASTBAR eine litanei endlos **WÜRDE UNANTASTBAR** ein appell eingebrannt auf einem kleinen stück holz ich nehme es in die hand das holz den appell grabe ich mir tief ins herz und schreie widerständig erschütterbar laut unüberhörbar in die verwundete welt immer und immer wieder **WÜRDE UNANTASTBAR** hört ihr es ihr despoten und wahlbetrüger mit euren betäubten claqueuren **WÜRDE UNANTASTBAR** spürt ihr es ihr die ihr couragiert den mund aufmacht gegen ungerechtigkeit trotz allem gegenwind **WÜRDE UNANTASTBAR** hört ihr es ihr soldaten mit eurem gewehr vor den kindern des feindes **WÜRDE UNANTASTBAR** spürt ihr es ihr hinter den gitterstäben eurer gefängnisse verlassen von denen die ihr freunde nanntet **WÜRDE UNANTASTBAR** hört ihr es ihr heuchelfrommen mit eurem gift für liebende schwule und lesben **WÜRDE UNANTASTBAR** spürt ihr es ihr die ihr mit euch ringt und euch sucht und euch immer verwirrter nicht findet **WÜRDE UNANTASTBAR** hört ihr es ihr gierigen profitgeier die ihr illegale ködert mit schäbigem lohn **WÜRDE UNANTASTBAR** spürt ihr es ihr obdachlosen in den winkeln der städte mit eurer lebenstragik die kaum jemand interessiert **WÜRDE UNANTASTBAR** hört ihr es ihr mechanischen henker die ihr im auftrag tötet mit gefrorenem herzen **WÜRDE UNANTASTBAR** spürt ihr es ihr opfer von fehlurteilen und unambitionierten anwälten **WÜRDE UNANTASTBAR** hört ihr es die ihr sprüche macht über den stotternden kollegen **WÜRDE UNANTASTBAR** spürt ihr es ihr lebensreich altgewordenen kämpfend gegen die fesselnde demenz **WÜRDE UNANTASTBAR** hört ihr es die ihr urteilt über die arbeitslose die verzweifelt sucht schon so lange **WÜRDE UNANTASTBAR** spürt ihr es ihr talentreichen kinder anders begabt als eure eltern es sich wünschten **WÜRDE UNANTASTBAR** hört ihr es die ihr den kopf schüttelt über das paar und ihr behindertes kind nicht abgetrieben **WÜRDE UNANTASTBAR** spürt ihr es ihr früh verwaisten mädchen und jungen hin und hergeschoben von einem zum anderen **WÜRDE UNANTASTBAR** hört ihr es die ihr schadenfroh genießt die niederlage des konkurrenten **WÜRDE UNANTASTBAR** spürt ihr es die ihr keinen sinn mehr findet und von suizidgedanken belagert seid **WÜRDE UNANTASTBAR** hört ihr es ihr musterfamilien die ihr nichts mehr zu tun haben wollt mit euren transgender söhnen und töchtern **WÜRDE UNANTASTBAR** spürt ihr es ihr frischverliebten mit eurem turtelnd herrlichen wir und eurem respekt vor eurem spannend unterschiedlichen ich **WÜRDE UNANTASTBAR** hört ihr es ihr haltlosen die ihr schamlos missbraucht wehrlose kinder **WÜRDE UNANTASTBAR** spürt ihr es ihr frauen die ihr zuflucht sucht vor der gewalt eurer männer **WÜRDE UNANTASTBAR** hört ihr es ihr religionsfürsten die ihr wein trinkt und wortreich wasser predigt **WÜRDE UNANTASTBAR** spürt ihr es ihr an dunkler depression erkrankten die ihr euch nicht traut davon zu erzählen **WÜRDE UNANTASTBAR** hört ihr es ihr korrupten strategen die ihr für geld euer gewissen in den leerlauf fahrt **WÜRDE UNANTASTBAR** spürt ihr es ihr alkoholiker die ihr euren schmerz betäubt in immer stärkerer dosis **WÜRDE UNANTASTBAR** hört ihr es die ihr die straßenseite wechselt um dem migranten nicht zu begegnen **WÜRDE UNANTASTBAR** spürt ihr es ihr die ihr an krankheiten leidet über die niemand spricht **WÜRDE UNANTASTBAR** hört ihr es die ihr die kassiererin feuert weil sie einmal unabsichtlich nachlässig war **WÜRDE UNANTASTBAR** spürt ihr es die ihr hungert und leidet an orten für die sich keine Kamera interessiert **WÜRDE UNANTASTBAR** hört ihr es die ihr rufmordend gerüchte verbreitet die niemand mehr einholt **WÜRDE UNANTASTBAR** spürt ihr es die ihr euch mit drogen einsam in flüchtige träume katapultiert **WÜRDE UNANTASTBAR** hört ihr es ihr listigen netzmobber ihr raffinierten jäger ohne respekt **WÜRDE UNANTASTBAR** spürt ihr es die ihr aus den abfallkörben flaschen sammelt und euch immer neu dazu überwindet **WÜRDE UNANTASTBAR** hört ihr es die ihr sterbende mit lügen aufmuntert um euch selbst zu schonen **WÜRDE UNANTASTBAR** spürt ihr es die ihr früh und ohne alter angewiesen seid auf tägliche hilfe und pflege **WÜRDE UNANTASTBAR** hört ihr es ihr kurzsichtigen lehrer und erzieher die ihr nicht erkennt wen ihr über oder unterfordert **WÜRDE UNANTASTBAR** spürt ihr es ihr schüler die ihr euch nicht die marken leisten könnt mit denen andere prahlen **WÜRDE UNANTASTBAR** hört ihr es ihr ehepaare die ihr euch knebelt und fesselt in das korsett eurer gewohnheiten und urteile **WÜRDE UNANTASTBAR** spürt ihr es ihr auf die man mit fingern zeigt weil ihr anders seid als man zu sein hat **WÜRDE UNANTASTBAR** hört ihr es die ihr meint auf der richtigen seite zu sein und nicht merkt wie ihr schlittert **WÜRDE UNANTASTBAR** ihr die ihr es hören sollt hört ihr es endlich und ihr die ihr es spüren sollt spürt ihr es endlich unantastbar soll sein die würde des menschen immer und überall

Für die Würdetafel-Aktion (wuerde-unantastbar.de)

der tisch

der tisch in
der fußgängerzone

immer wieder
immer wieder

applaus begleitet
ihn nicht

broschüren plakate
listen für unterschriften

schicksale von menschen
die keine stimme haben
unrecht an orten
die keine kamera interessiert
gefesselte biographien

nicht jeder will das wissen
nicht jeder bleibt stehen
der tisch bleibt

trotzig
störend
warnend
stellt er sich
gegen den strom

und
dann doch
unterbrechen passanten
sich und ihr leben
treten zum tisch
weiten den blick

tanzen nicht nur um sich selbst

(für MW zum 80sten)

advent im krieg

kein tannengrün
ein kranz aus
olivenzweigen
und granatäpfeln, winzigen

kein buch vor augen
keine fromme übung
die hände schweigen lassen
das hirn erst recht

sich anhalten
hinsetzen
nichts tun
durchatmen

sich aushalten

schwer genug
nicht dabei aufgeben
sich nicht entmutigen

nicht die hoffnung
aufgeben, niemals

trotz allem

weihnachten

in den
stallgeruch
dieser

bizarren
torkelnden
wundgeschlagenen
welt

stellt gott
seine krippe

uneingeladen

zynisch belächelt
von jüngern in der hybris

geht gott
unter die Haut
ohne beifall

verschafft licht
meiner seele

trotz allem

kurz vorher

ob es jemals
so gewesen ist
weiß ich nicht

ob man ihn
angekommen
auf golgotha
kurz in ruhe
gelassen hat

schwer vorstellbar
empathische henker
sind selten

christus in der rast
nennt die kunst
die szene

entstanden im
14ten jahrhundert

er sitzt
eine hand
ruht auf einem bein
die andere stützt
seinen kopf
den gebeugten

seit jahren
begleitet er mich
der rastende christus
war mir oft näher
als das kreuz

noch nicht
zum zimmerschmuck
entschärft

das still-einsame klagen
des verlassenen
von allen

der leise wunsch
verschont zu werden
doch noch

den kopf gestützt
der nicht begreifen will
zu was menschen fähig sind

diesem blick
herausfordernd
durchschauend
und doch sanft

entgehe ich nicht

hoffentlich
nie

jetzt

in der zeitung
lese ich
dass du gegangen bist

auf dem foto
im schwarzen kasten
lächelst du

dein bild hefte
ich an die wand
davor kerzen und

eine fast verblühte
rose von meiner terrasse
hält ostergelb totenwache

was ich noch
sagen wollte bleibt
ungesagt

zu lange gewartet
es wird schon noch
zeit sein dachte ich

doch schon wieder
zu spät
und schon wieder

die alte lektion
wann lerne ich
sie endlich

verschieb nichts
auf später
tu was du tun kannst

jetzt

was sein wird

wir sind traurig
du bist nicht mehr da
es ist still geworden
und unsere rufe gehen ins leere

die erinnerung wird bleiben
schmerzen wird sie
und doch werden wir sie brauchen

dein blick
dein lächeln
deine sorge

bilder von dir
die wir hüten werden wie einen schatz
du wirst uns fehlen

wir werden beten
wir versprechen es
so wie wir können

für dich und für uns
für dein ankommen
und unser abschiednehmen
für dein ewiges leben
und unser weiterleben hier

wir werden den blüten zuschauen
ihrem frühling und ihrem herbst
werden dein bild vor uns haben
und manche träne wegwischen

wir werden das glas auf dich erheben
und unsere gedanken in den himmel werfen
und werden an dich denken
immer wieder

und werden dankbar sein
und werden so dankbar sein
dass es dich gab

das band

in jerusalem
ruhen die toten
ewig

keine liegezeit
kein einebnen
irgendwann

das totenviertel
am ölberg
hält der zeit stand

und birgt
die erinnerung
an die gewesenen

lebendig
bleiben sie nur
in den herzen

die sie vermissen
über die schwelle hinaus
und weiter lieben

ein empfindsames band
zwischen den welten
ein hauch von ewigkeit

weht aus jerusalem
dem anderen
dem himmlischen
ins irdische

und mildert
die trauer und trotzt
der verzweiflung

spricht leise
vom leben

dem ohne ende

silvesterschwelle

das alte jahr
lasse ich los
ohne abschiedsschmerz

noch verwischen
die bilder nicht
brennt die erinnerung

an der schwelle
zum neuen
warte ich zögernd

nicht leichtfüßig
überspringe ich sie
nicht unbeschwert

aber ich gehe
dann doch
schritt für schritt

nicht allein
denn du
gehst auch

dein lächeln
zauberhaft
gibt rückenwind,

trotz allem
und jetzt erst recht
und warum eigentlich nicht

es ist noch
mut in den seelen

neujahrswünsche

mögen manche worte weniger
schnell gezückt
sich in die herzen bohren

die nachlässig repetierenden
die unüberlegt dahergesagten
die mutwillig-bösartigen

und sie nicht vergiften
die herzen

mögen mehr worte
gut bedacht
sich in die herzen senken

differenzierend
ohne applaus
unspektakulär wahr

und sie ermutigen
die herzen

mögen manche fäuste
in sich lahm werden
nicht aus niederlage

sondern nach
zugelassenem sieg
über sich selbst

möge
uns das neue jahr
überraschen

gut überraschen

III. GEBETE

Alltagslitanei

Vor müder Langweile
bewahre mich, o Herr.
Vor vermeidbarer Dummheit
bewahre mich, o Herr.
Vor bequemer Faulheit
bewahre mich, o Herr.

Vor peinlicher Intoleranz
bewahre mich, o Herr.
Vor arroganter Besserwisserei
bewahre mich, o Herr.
Vor trockener Humorlosigkeit
bewahre mich, o Herr.

Vor vorschnellem Urteil
bewahre mich, o Herr.
Vor zähem Klischeedenken
bewahre mich, o Herr.
Vor eitlem Nicht-verzeihen-Können
bewahre mich, o Herr.

Vor schneller Selbstzufriedenheit
bewahre mich, o Herr.
Vor dem Weg des geringsten Widerstands
bewahre mich, o Herr.
Vor lockender Selbsttäuschung
bewahre mich, o Herr.

Vor schützender Feigheit
bewahre mich, o Herr.
Vor fliehendem Wegschauen
bewahre mich, o Herr.
Vor falschem Mund-Halten
bewahre mich, o Herr.

Vor übertriebener Selbstliebe
bewahre mich, o Herr.
Vor angewöhnter Egozentrik
bewahre mich, o Herr.
Vor hämischer Überheblichkeit
bewahre mich, o Herr.

Vor versiegendem Träumen
bewahre mich, o Herr.
Vor erlahmender Leidenschaft
bewahre mich, o Herr.
Vor resignierter Selbstaufgabe
bewahre mich, o Herr.

Und vor allem:
Bewahre mich davor,
um all das nur zu bitten.

Seligpreisungen Update

Selig, die mit wenig auskommen können,
die sich auch freuen an Dingen,
die sie nicht unbedingt besitzen müssen.

Selig sind die, die nicht einfach so weitermachen,
die trauern können, sich ihrer Tränen nicht schämen
und sich nicht sofort unter Kontrolle haben.

Selig, die nicht alles mit der Faust regeln,
die ihre Worte nicht wie Messer
und Vorschlaghämmer missbrauchen.

Selig, die nicht wegschauen,
die sich mit Leidenschaft für das interessieren,
was neben ihnen geschieht.

Selig, die nicht in Schubladen denken,
die, weil sie sich selbst kennen,
barmherziger mit dem Scheitern anderer umgehen.

Selig, die fair streiten können,
ohne persönlich mit Worten zu verletzen,
die zugeben können, dass der oder die andere Recht hat.

Selig, die sich nicht lähmen lassen
durch die Fülle schlechter Nachrichten,
sondern für gute sorgen, tun, was ihnen möglich ist.

Selig, die nicht nur in Gedanken barmherzig sind,
die verzeihen können, auch wenn es schwerfällt,
die Brücken schlagen über tiefe Gräben.

Selig, die vorne wie hinten sind, wahrhaftig,
ohne Hintergedanken und Lust an Gerücht und Gerede,
die auch meinen, was sie sagen.

Selig, die ausgleichen und vermitteln können,
die Frieden stiften im eigenen Umfeld,
die Frieden schließen können, auch mit sich selbst.

Selig, die Spott und persönliche Angriffe ertragen müssen
und sich davon nicht beirren lassen, sondern weiterhin
den Mund aufmachen, wenn es auf sie ankommt.

Selig, die nicht vorschnell dichtmachen,
die gesprächsbereit bleiben, die fest glauben,
dass Gott selbst mit niemandem fertig ist.

Selig, die über ihren Schatten springen können,
die fähig sind, ihre kleinen Kriege vor Ort zu beenden,
die nicht auf den ersten Schritt des anderen warten.

Selig, die sich nicht verbiegen und krümmen lassen,
die bereit sind, für ihr Rückgrat den Preis zu zahlen,
die sich nicht kaufen lassen.

Selig, die nach der Wahrheit suchen,
die sie Gott nennen, auf ihre ganz eigene Weise,
die sich selber treu bleiben, so wie sie sind.

Mit allem Schönen und Schweren,
mit Ecken und Kanten
mit Sehnsucht und Dank.

Selig, die leben,
was sie glauben.

Pfingstwunsch

Wie ein Sturm
soll, Ewiger,
deine Kraft uns erfüllen,

wie ein Feuer
soll deine Leidenschaft
in uns brennen,

wie ein Windhauch
soll deine Liebe
uns sanft berühren.

Um die Schwachen zu stärken,
um die Müden aufzuwecken,
um die Verhärteten zu befreien.

Mit deinem Rückenwind und Segen
für alles Schöne,
für alles Schwere.

Dort, wo wir sind,
dort, wo wir sein werden.

Schreigebet

Ewiger, ich schreie,
hörst du es?
Ich kann die Nachrichten
nicht mehr ertragen.
So viel Unheil, so viel Schmerz.
Fahr doch dazwischen!

Schicke peinigende Schlaflosigkeit
den üblen Rassisten,
dauerndes Sodbrennen
den korrupten Politikern,
lähmende Migräne den Kriegstreibern,
beißende Läuse den Rattenfängern.

Ich weiß, keine christlichen Wünsche.
Doch ich hätte noch mehr!

Kannst du nur zusehen,
wie sie deine Welt missbrauchen für ihre Zwecke?
Wie hältst du das aus, Ewiger?
Bist du doch nicht allmächtig?

Diese bittere Frage sei heute mein Gebet.
Ich packe es in Tränen.
Antworte!
Das fordere ich von dir! Amen.

Stoßgebet

Halte du mich,
wenn ich
den Halt verliere.

Halte durch mit mir,
wenn ich
den Halt aufgebe.

Halte mich
Haltlosen.

Wintergebet

Herr
ich hasse es
wenn die Blätter fallen

ihr Herbst
ihr Aufbäumen
im Rausch der Farben

ist bunt
ist schön
ist traurig

sie müssen fallen
sind nie ewig
sind Vorübergang

der Tod in ihnen
ist ein Novemberkind

kalt ist es
und nackt
um uns

kahl zeigen
Bäume ihr Gerippe
die Schönheit ist verreist

mich friert
die Tage werden immer kürzer

ich sehne mich nach der Sonne
ich brauche ihr Licht wie die Luft
ich bin hungrig nach ihrem Glanz
nach ihrer Kraft
nach ihrer Wärme

Regentage kann ich
nicht gut aushalten

ich suche das Licht
und liebe doch die Nacht
ihre Bergung
ihre Stille
ihre Einsamkeit

sie mildert
sie tröstet

sie ist mir vertraut
durch alle Zeiten
des Jahres

Schöpfer der Welt

Depression

Ich funktioniere, Ewiger,
mehr nicht.
Ich zwinge mich aufzustehen,
zu frühstücken, ins Büro zu gehen,
meine Arbeit hinzubekommen,
jedenfalls einigermaßen.
Ich lasse mir nichts anmerken.
Ich treffe Freunde,
bin wie immer der Witzige,
der Unterhalter,
der immer gut drauf ist.
Bin ich das?

Ich möchte nur weinen und schreien,
mich verkriechen in die hinterste Ecke
oder den Stecker ziehen.
Doch ich lasse mir nichts anmerken.

Ich funktioniere.
Es kostet Kraft.
Sehr viel.
Zu viel.

Wenn ich allein bin,
endlich,
ich muss allein sein,
entferne ich die Maske.
Ich spüre nichts.
Alles ist grau.
Ich weiß nicht, Ewiger,
warum ich dir das erzähle,
auch du bist mir fern,

nur eine Erinnerung.
Gibt es dich überhaupt?

Die Decke, auf die ich starre,
bewegt sich nicht.
Ich liege nur da,
irgendwann versiegen die Tränen.

Nichts ist mehr einfach.
Alles nur anstrengend.
Blockiert ist mein Antrieb.
Dieser lähmende Schmerz,
wie ein Drache bricht er hervor
aus seiner Höhle,
dort ständig lauernd.
Immer.

Mein Kampf ist aussichtslos.
Ich kann nur warten,
ob er sich zurückzieht,
bis zur nächsten Attacke.
Ich bin so müde.

Ich will niemanden sehen,
kann ja doch nichts erklären,
weiß, dass sie über mich reden.
Wie sollen sie das auch verstehen …
Ich kann es ja selber nicht.

Mich lockt nur,
den Vorhang fallen zu lassen,
zu kapitulieren,
nicht mehr sein zu müssen.
Die Versuchung ist süß,
sie schreckt mich nicht,
doch noch halte ich stand.

Irgendwann schlafe ich ein,
für ein paar Stunden,
dann liege ich wach,
auch die Sterne trösten nicht.

Dann stehe ich auf,
mit Anlauf. Wie immer.
Und funktioniere.

Geduld

Nein,
ich bin nicht so geduldig
wie andere,
die gleichmütig bleiben,
auch wenn der Boden
unter ihnen wankt.

Schon im Kleinen nicht:
Ich könnte aus der Haut fahren
in der Schlange vor der Kasse am Supermarkt,
wenn jemand umständlich
nach seinem Geldbeutel sucht,
die PIN falsch eingibt,
das Obst nicht abgewogen hat
oder zum fröhlichen Plausch
mit der Kassiererin ansetzt.

Oder wenn alles Hupen nichts nützt,
um dem Fahrer vor mir an der Ampel
klarzumachen,
dass „Rot“ vorbei ist
und „Grün“ weiterfahren bedeutet.
Ganz und gar nicht nette Gefühle spüre ich dann.

Nein, ich bin nicht geduldig.
Jedenfalls nicht immer.
Gewiss Temperamentssache, Familiengene,
man ist, wie man ist,
sich selbst aushalten
ist nicht immer leicht.

Lass mich geduldiger sein,
Ewiger, der du selbst Geduld hast im Übermaß
und auch wahrhaftig brauchst
mit Blick auf deine nur selten
ganz geglückten Ebenbilder.

Lass mich gelassener werden,
jedenfalls ein bisschen,
um Dinge hinzunehmen,
die ich nicht ändern kann.

Erst durchzuatmen,
bevor ich poltere.
Langsamer, leichter,
nachsichtiger zu werden.

Das Gegenteil kann ich schon ...

Und schenke mir Geduld
beim Geduldiger-Werden,
dass ich nicht plötzliche Heilung erwarte,
mich nicht überfordere,
vielleicht erstmal über mich schmunzeln,
vielleicht sogar lachen lerne
nach dem nächsten genervten
„Das-darf-doch-nicht-wahr-sein-Seufzer“,
der mir so oft und schnell verärgert entfährt.

Antoniusbitte

Ich weiß,
ich bin's schon wieder,
heiliger Antonius.

Nein, diesmal sind's
nicht die Schlüssel,
auch nicht die Brille,
auch nicht das Handy.
Das hatten wir alles schon.
Du musst zugeben,
ich biete dir immer was Neues.

Diesmal suche ich
den Ring aus Jerusalem,
kein wertvolles Teil,
aber mir unendlich kostbar,
mit vielen Erinnerungen.

Mir ist, als hörte ich
dein genervtes Seufzen.
Du hast ja recht,
im Verlieren und Verlegen von Dingen
bin ich unschlagbar.

Aber bitte,
nur noch einmal,
heiliger Antonius,
Held aller Schlamper,
aller Vergesslichen,
aller Zerstreuten,

zeige mir
die Richtung
und lass mich
wiederfinden,
was jetzt verloren scheint.

Nur noch einmal,
bitte,
es ist bestimmt
das letzte Mal,
bestimmt.

Aber ...
versprechen
kann ich es nicht.

Amen.

Schon wieder

Ich fass es nicht, Ewiger,
Jetzt ist es schon wieder passiert.
Ich bin vorübergegangen,
hab so getan, als würde ich telefonieren.
Manchmal betrachte ich auch schnell
die Dinge im Schaufenster gegenüber,
obwohl mich nichts davon interessiert.
Ich hab noch andere Fluchtmethoden in Reserve.

Ich will einfach nicht, dass er mich ansieht:
der Bettler mit seinem armseligen Hut,
den er Passanten wie mir wortlos entgegenhält.
Er spricht nie ein Wort.
Aber er sitzt immer da.

Mein Kopf sagt: Lass ihn!
Was du ihm gibst,
versäuft er doch an der nächsten Ecke.
Und überhaupt, warum sitzt er denn da?
Es gibt doch genug Stellen, an die er sich wenden kann –
in unserem vorbildlichen Sozialstaat.

Mein Herz hält dagegen:
Was weißt du schon von ihm,
von seiner Geschichte, seinem Schicksal?
Glaubst du wirklich, er sitzt gerne da?
Denk mal daran, was du ausgibst
für dich, einfach so.

Und während Herz und Kopf sich streiten,
bin ich schon wieder vorübergegangen.

Mein Herz soll öfter gewinnen, Ewiger.
Von den Euros, die ich ihm gebe,
werde ich nicht arm.
Und was er damit macht, ist doch seine Sache.

Und noch was:
Gib mir einen Schubs das nächste Mal,
damit ich mal kurz stehen bleibe,
„Guten Tag“ sage,
ihn frage, wie es ihm geht,
einfach ein paar Sätze mit ihm wechsle.

Auch wenn es nicht so einfach ist.
Aber vielleicht ist es das gar nicht.

Der schwule Sohn

Ewiger, ich bin etwas durch den Wind.
Eben hat mein Sohn es mir gesagt.
Es ist ihm nicht leichtgefallen,
seine Stimme war anders,
leiser als sonst.
Seit Tagen druckste er herum,
ich wusste nicht, was mit ihm los war,
er ging jedem Gespräch aus dem Weg.

Eben hat er mir gesagt,
dass er schwul ist.

Ich war geschockt, Ewiger,
ich muss es zugeben,
wahrscheinlich hat er gesehen,
wie meine Gesichtszüge entglitten.
Mir wankte der Boden.
Nein, ich hab nicht gesagt
kein Problem, alles easy.
Gib mir Zeit, brachte ich heraus.
Dann bin ich aufgestanden
und hab ihn umarmt.
Wortlos.

Es fällt mir nicht leicht,
jedenfalls im Moment nicht.
Wieso habe ich nie was gemerkt?
Habe ich irgendwas falsch gemacht?

Manche Bilder verschwinden,
die Enkel, von denen ich träumte,
die junge Familie,
die ich ihm wünschte.

Oder wünschte ich es
vor allem mir?

Hilf mir, Ewiger,
dass ich ihn sehe, wie er ist,
und nicht, wie ich ihn gerne hätte.

Er ist mein Sohn.
Punkt.
Ich sollte stolz auf ihn sein.

Lass mich frei werden
von meinen Vorstellungen,
meinen Klischees,
meinen Vorurteilen.

Und nimm die Angst von mir,
sein Leben könnte misslingen.

Hilf mir, ihn weiter zu begleiten,
behutsam, nicht aufdringlich,
und lass ihn seinen Weg gehen.
Seinen eigenen, unverwechselbaren.

Der Gedanke, einen Mann
an seiner Seite zu sehen,
den er liebt
und der von ihm geliebt wird,
ist mir noch ein bisschen neu und fremd.
Ich brauche Zeit.
Wenn es ihn gibt,
dann lass mich herzlich sein
und mich freuen über ihr Glück.

Ewiger, du Ursprung der Liebe
in all ihren Formen,
segne meinen Sohn,
meinen wundervollen,
einzigartigen,
so kostbaren.

Und behüte sein Leben.

Weitertragen
– Gebet zum 100sten Geburtstag von Willi Graf

Ewiger, alles belebender Gott,
durch das Zeugnis glaubwürdiger Menschen
gibst du uns Orientierung und Richtung.
Dankbar erinnern wir an Willi Graf,
Mitglied der „Weißen Rose“.

Du warst sein Halt und seine Kraft.
Du warst sein Mut und seine Leidenschaft.
Du warst sein Licht in dunklen Stunden.
„Seid stark und voller Gottvertrauen.“
So sein Wunsch,
sein Appell, seine Ermutigung.
Auch für uns heute,
ermutigend und fordernd zugleich.

Sein Wort helfe uns,
aufrecht, mit Rückgrat und gewissenhaft
den eigenen Weg zu finden und zu gehen.
Es helfe uns, hellwach zu bleiben
für alles, was neben uns geschieht.
Er helfe uns, den Mund aufzumachen,
wenn es auf uns ankommt.

Lass uns deine Nähe spüren,
auch bei Gegenwind.
Lass uns leben, was wir glauben.
Lass uns weitertragen,
was er mit seinen Freunden
begonnen und gewirkt hat.

Segne unsere Schritte,
die großen und die kleinen,
die zögernden und die mutigen,
die gemeinsamen und die einsamen.

Und lass sie uns gehen.

Größer

„Wenn du ihn verstehst,
dann ist er nicht Gott“,
schreibt Kirchenvater Augustinus
über dich, Ewiger.

Wie recht er hat,
denn wie kann ich dich je verstehen?

Immer schweigst du.
Warum?
Wie kannst du es ertragen,
dass Menschen Kriege führen,
töten und verletzen
mit Bomben und Granaten?
Warum fährst du nicht dazwischen,
wenn Menschen entführt werden,
Kinder missbraucht
und die Schergen der Macht
ungebremst foltern und quälen?
Warum räumst du
diesen ganzen „Saustall Welt“ nicht auf?
Du könntest es doch …

„Wenn du ihn verstehst, dann ist er nicht Gott.“
Soll mich das trösten?
Ich füge mich eher.
Was bleibt mir auch übrig?

Du bist unfassbar,
sprengst alle unsere Muster,
Attribute und Bilder.

Du bist der Barmherzige,
ja, aber auch der Allmächtige.
Du bist der Ewig-Treue,
ja, aber auch der Geheimnisvolle.

Du hast dich für uns
in der Krippe erniedrigt und kleingemacht,
und doch bist du es auch,
der Berge versetzen
und Felsen erschüttern kann.
Du bist groß.
Größer als alle unsere Vorstellungen.

Ich halte mich fest an einem Wort.
Ein Dichterwort*:

„Gott ist nicht das Gute.
Er ist das Ganze.
Und er ist heilig."

Das muss reichen.
Mehr verstehe ich nicht.
Vorerst.

* Thomas Mann

Nachfolge

Jesus,
Bruder und Herr,
mein See Gennesaret
liegt in der Eifel.
Vielleicht auch in den Straßen
irgendeiner Stadt.
Es sind keine Fischerboote,
von denen du mich wegrufst,
und meinen Vater verlasse ich auch nicht.

Ich bin ein Jünger mit E-Mail-Anschluss,
mit Handy und Hip-Hop im Ohr,
ich weiß nicht, ob ich tauge
für deinen Auftrag,
für deine „Mission impossible“.

Ich weiß nur,
dass du mir in der Seele brennst,
wenn ich dein Wort lese,
so als hörte ich dich selbst.

Ich weiß nur,
dass ich deine Schulter spüre
bei meiner Wut über
Ausbeutung und Unrecht.

Ich weiß nur,
dass ich still werde
in deinen Räumen,
und zwar ganz freiwillig.

Nicht selten
ahne ich dann,
dass du mich,
warum auch immer,
gemeint hast
und sendest.

So auch

Zurückschalten,
das Tempo herunterfahren,
bis in den Leerlauf.

Auf die Schritte achten,
jeden einzelnen.
Nichts denken.

Einen Platz suchen,
dann sich setzen,
einfach nur dasitzen,
nicht auf dem Sprung.

Die Sonne
auf der Haut spüren,
den leichten Wind
durchs Haar streichen lassen,
die frische Luft atmen.

Achtsam da sein,
wortlos beten.

Geht auch so, Ewiger,
geht auch so.

Hochzeitssegen, unisex

Ewiger, Schöpfer allen Lebens,
sende die Fülle deines Segens herab
auf diese beiden liebenden Menschen
die vor dir zueinander ja gesagt haben.
Stärke ihren Bund und bewahre sie
in ihrem Vertrauen zueinander
bei allem, was kommen mag.

Lass sie glücklich bleiben
und Kraft gewinnen aus ihrer Liebe.
Schenke ihnen Behutsamkeit
und Einfühlungsvermögen füreinander.
Gib ihnen den Mut, voneinander zu lernen
und immer wieder neue Seiten
am anderen zu entdecken.
Ermuntere sie durch
deinen phantasievollen Geist
und schenke ihnen ein spannendes Leben.

Lass sie füreinander Heimat sein
in guten wie in schweren Stunden,
in Gesundheit wie in Krankheit,
dann, wenn sie tanzen,
und dann, wenn sie schweigen.

Lass das Vertrauen bestehen,
wenn es Zeiten gibt,
in denen jeder für sich sein möchte.
Lass sie niemals vergessen,
dass du jeden Einzelnen unverwechselbar
und unvergleichbar geschaffen hast.
Ihre Verschiedenheit soll sie kostbar bereichern.

Schenke ihnen Leichtigkeit
und Gelassenheit im Alltag,
lass sie oft miteinander lachen können
und verschone sie
vor aller Verhärtung und Bitterkeit.

Lass sie gastfreundlich sein
und halte deine Hand über alle,
mit denen sie sich verbunden wissen.
Schenke ihnen die immer neue Erfahrung,
von Freunden und Freundinnen getragen zu sein.

Segne ihre Zukunft,
den Weg, der vor ihnen liegt,
die Menschen, denen sie begegnen werden,
und ihre Pläne und Ideen.
Erhalte sie in der Leidenschaft füreinander,
mit ihren vielen Facetten wird sie sich wandeln,
doch verlässlich bleiben und nie versiegen.
Schenke ihnen ein langes Leben,
erfüllt und erfahrungsbunt.
Und lass sie später zufrieden dankbar
ihre Erinnerungen miteinander teilen.

Ewiger, lass sie ziehen mit deinem Segen
in ein fantasievolles, spannendes Leben.

Gebet zur Trennung

Ewiger,
wir haben alles versucht, wirklich,
so viele Gespräche,
auch mit anderen.

Wir hatten Beratungstermine,
eine einfühlsame Therapeutin,
kompetente Hilfe,
aber es geht nicht weiter so.

Ich kann seine Nähe nicht mehr ertragen.
Und er meine auch nicht.
Ich kann dir das nicht erklären,
ich versteh es ja selbst nicht.

Wie schön war das mal,
ich habe ihn geliebt,
er hat mich geliebt,
und wie, sag ich dir.
Er war alles für mich.

Aber es ist Vergangenheit.
Ich spüre nichts mehr davon.
Nichts als Erinnerung.

Ich weiß, ich habe es versprochen,
„in guten wie in schweren Tagen",
ich weiß, ich weiß.
Jetzt gibt es die schweren Tage,
und wie schwer sie sind!
Ich hätte das nie für möglich gehalten.

Zusammenreißen funktioniert nicht mehr,
auch nicht der Kinder zuliebe.
So gerne hätte ich ihnen das alles erspart.
Das ist das Schlimmste.

Wir haben nicht ganz aufgegeben,
noch schweigen die Anwälte,
aber wir werden uns trennen,
wir werden Abstand halten.

Wir trennen uns absichtslos,
denn vielleicht, vielleicht ...

Wir sind beide traurig.

Ich bitte dich, bei jedem
von uns beiden zu bleiben,
uns unsere Wege finden zu lassen,
uns nicht zu verhärten.

Bewahre uns vor verletzenden Worten
und der Versuchung,
die Vergangenheit schlechtzureden.
Sie war es nicht.

Für unsere Kinder bitte ich besonders, Ewiger,
auch getrennt bleiben wir ihre Eltern.
Hilf uns, gemeinsam für sie da zu sein,
ohne Zank und unsinnige Eifersucht.

Behüte unsere Familie,
auch wenn sie jetzt so ist,
wie sie ist.
Sei mit uns, ich bitte dich.

Rückkehr-Reisesegen

Es segne dich Gott,
der Herr der Welt,
der Herr der Zeit,
der Herr der Wege.

Er helfe dir,
deine Erinnerungen
zu bewahren
in deinen Gedanken und
in deinem Herzen
– wie kostbare Schätze.

Er lasse dich erzählen
von allem Erlebten,
von den reichen Erfahrungen,
den schönen wie schweren,
und von den so unterschiedlichen Menschen,
die dir begegnet sind.

Er lasse dein Feuer nicht erlöschen,
die farbigen Bilder weiterzutragen
zu den Ermüdeten,
den Resignierten,
den in sich Gefangenen,
zu allen, die dein Erzählen
stärken und ermutigen wird.

Er lasse dich zuerst einmal
gut reisen, behutsam ankommen
und Luft holen
und durchatmen
nach allem Erlebten.

Und er lasse dich nie vergessen,
dass du auch nicht vergessen sein wirst,
da wo du warst, wie du warst.
Du hinterlässt eine Spur.

Es behüte dich Gott,
der Herr der Welt,
der Herr der Zeit,
der Herr der Wege

mit seinem Rückenwind und Segen.
Dort, wo du hingehst,
dort, wo du sein wirst.

Zum Trotz

Gesegnet bist du,
der du tief verwurzelt an deinem Glauben festhältst,
den Spöttern zum Trotz.

Gesegnet bist du,
der du zweifelnd um deinen Glauben ringst,
den Ultrafrommem zum Trotz.

Gesegnet bist du,
der du deinen Glauben lebst ohne Kirchenraum,
den Fanatischen zum Trotz.

Der Ewige kennt dich,
so wie du bist,
so wie du suchst,
so wie du Grenzen überwindest.

Er gebe dir Rückenwind und Segen,
wo immer du bist,
wo immer du sein wirst

und halte dich haltend aus.

Jerusalemer Segensbitte

Gesegnet bist du,
der du im Frieden lebst,
der dir so selbstverständlich ist
wie dein verlässlicher Atem.

Mit deinem Entsetzen um das,
was geschieht im tief verletzten heilig-unheiligen Land.
Mit der Wahrheit, um Krieg nur zu wissen
und ihn nicht hautnah erleiden zu müssen.
Mit deiner Dankbarkeit, Schlaf finden zu können
ohne Angst vor Raketen und Panzern.

Gesegnet bist du,
die du im Frieden lebst,
der dir so selbstverständlich ist
wie dein verlässlicher Atem.

Mit all dem, was dich erschüttert
und dich zutiefst in deinem Herzen bewegt.
Mit deinem Erschaudern über das,
was Menschen einander antun können.
Mit deiner großen Hilflosigkeit und
dem schmerzhaften Gefühl, wie gelähmt zu sein.

Gesegnet bist du,
der du im Frieden lebst,
der dir so selbstverständlich ist
wie dein verlässlicher Atem.

Mit deinen in den Himmel
geschleuderten Fragen nach dem Warum.
Mit deinem angezählten Glauben
und deinem wachsenden Zweifel.
Mit deiner flehenden Bitte um Halt
durch den ewigen, schweigenden Gott.

Gesegnet bist du,
die du im Frieden lebst,
der dir so selbstverständlich ist
wie dein verlässlicher Atem.

Mit deinem Erschrecken über
schnelle Sprüche und vorschnelles Urteil.
Mit deiner Weigerung,
in Schablonen und Schubladen zu denken.
Mit deiner schwer aushaltbaren Zerrissenheit,
zwischen den verhärteten Fronten zu stehen.

Gesegnet bist du,
der du im Frieden lebst,
der dir so selbstverständlich ist
wie dein verlässlicher Atem.

Mit deiner Wut über alle,
denen Menschlichkeit fremd ist.
Mit deinem stillen Mitgefühl
für alle, die unschuldig leiden.
Mit deinen Tränen und deiner Trauer.

Gesegnet bist du,
die du im Frieden lebst,
der dir so selbstverständlich ist
wie dein verlässlicher Atem.

Mit deiner Achtung vor allen,
die selbstlos helfen, wo Not ist.
Mit deinem Willen,
sie zu unterstützen, so wie du kannst.
Mit deiner Widerständigkeit gegen alle,
die das für sinnlos halten.

Gesegnet bist du,
der du im Frieden lebst,
der dir so selbstverständlich ist
wie dein verlässlicher Atem.

Mit deiner Weigerung, aufzugeben
und nicht mehr auf Frieden zu hoffen.
Mit deiner trotzigen Liebe für das
immer wieder blutende Land.
Mit deinen ungeschminkten Träumen
von Versöhnung und gewaltloser Zukunft.

Gesegnet bist du,
die du im Frieden lebst,
der dir so selbstverständlich ist
wie dein verlässlicher Atem.

Mit deiner tiefen Sehnsucht
nach bleibendem Shalom und Salam.
Mit deinen herzstarken Wünschen
für behutsame Heilung offener Wunden.
Mit deiner nicht nachlassenden Hoffnung
trotz allem, trotz allem, trotz allem.

Gott selbst halte, segne, stärke
und behüte dich,
sei Rückenwind und Segen für alles Kommende
und sei die Quelle deines Atems.

Gesegnet

Gesegnet bist du, so wie du bist.
Mit deiner Sehnsucht,
mit deinem Dank und deiner Bitte.
Mit all dem, was sich so schwer sagen lässt.
Mit deinem randvoll gefüllten Schweigen.

Gesegnet bist du, so wie du bist.
Unverwechselbar, farbig,
mit Ecken und Kanten.
Mit deinen Siegen und deinen Niederlagen.
Mit all denen an deiner Seite,
die dir lieb sind, und mit allen,
die dir zugemutet werden,
wie du auch ihnen.

Gesegnet bist du, so wie du bist.
Gott kennt dich.
Er hält dich aus.

Und gibt dir Atem.

Epilog

DANK – einfach mal so

Ich unterbreche mich
und atme kurz durch.
Ich stoppe meinen Gang
durch den prall gefüllten Tag

und danke, einfach mal so,
für alles, was mir immer wieder
so selbstverständlich erscheint wie
mein Herzschlag und mein verlässlicher Atem.

Für die frische Milch danke ich
und den Kaffee am frühen Morgen.
Für die Kartoffeln und die Äpfel,
die immer bereitliegen im Laden nebenan.

Für den freundlichen Gruß
des arabischen Nussverkäufers danke ich
und den kundigen Rat des Teehändlers
auf dem jüdischen Markt.

Für die gelben Trompetenblumen im Garten
und ihren lautlosen Klang.
Für die zierlichen Nektarvögel danke ich,
für die flinken Spatzen und die majestätischen Krähen.

Ein Dank auch für die frechen Hirtenstare
mit ihren lustigen Schnäbeln,
die meine Stimme nachahmen
und mich zum Lachen bringen.

Ein Dankeschön auch für die raffinierte Straßenkatze,
die mich am Morgen erwartungsvoll begrüßt
vor meinem Küchenfenster und dort standhält,
bis ihr sturer Blick mich für Futter erweicht.

Für den Schlaf danke ich sehr,
für die schlaflosen Nächte weniger,
wenn meine ruhelosen Gedanken
mal wieder Salto schlugen

bei hartnäckigen Problemen,
die nicht weichen wollten.
Sternschnuppen suchte ich dann
hellwach in sternklaren Nächten.

Für Rami und Bassam danke ich,
die sich weigern, Feinde zu sein,
und für alle in Israel und Palästina,
die dies ebenso tun, trotz aller
klaffenden Wunden.

Für Jaffa Road von Daniel Speck danke ich
und für das Tagebuch von Cesare Pavese
und für alle Bücher, die noch auf mich warten,
die ernsten und die erfrischend-heiteren.

Für die spitzbübischen Auszeiten
mit Heinz Erhardt und Loriot,
mit Kaya Yanar oder Olaf Schubert
und dem kultig-albernen Otto Waalkes.

Für Taminos Lieder danke ich
und für die Chansons von Zaho de Sagazan,
für Arvo Pärt und für die Zweite von Mahler,

für André Hellers gesungene Poesie
und für die House-Beats von
Black Gummy und Wolfgang Gartner.

Für mein Frühaufstehen danke ich
und die Stille des erwachenden Tages,

für mein tägliches Staunen über die Sonnenuntergänge
über den Dächern von Jerusalem

mit ihren wechselnden Farben
und ganz eigenen Stimmungen,
ein tägliches Fest, facettenreich inszeniert,
mein Lichtgebet.

Vieles Alltägliche ist kostbar,
zu selten würdige ich es,
so viel erscheint selbstverständlich
und ist es doch nicht.

Für die kostbaren Videocalls
mit meiner achtundachtzigjährigen Mutter danke ich
und für die Mails, Telefonate und Treffen
mit meinen Freunden und Freundinnen.

Für alle, die mir lieb sind, danke ich
und werfe ein Gebet in den Himmel
und bitte auch für die, mit denen ich mich schwertue.
Ich versuche es zumindest. Immer mal wieder.

Ich danke dir, Ewiger,
du Quell allen Lebens,
mit hellwachem Herzen
und randvoll gefülltem Schweigen.

Last not least ...

... möchte ich allen danken, die mir durch ihre Sympathie und ihren Rat geholfen haben, diesen Band „trotz allem“ fertigzustellen. Ich danke meinen Freunden und Freundinnen, die meine Texte kritisch gelesen und mir wertvolle Rückmeldungen gegeben haben. Besonders danke ich Uta, Ines, Henning, Beatrice, Georg, Till, Bernd, Dorothee, Tamar und Isa. Prof. Dr. Hans-Joachim Höhn verdanke ich einen hilfreichen und ermutigenden Hinweis. Meiner Familie und meinen israelischen, palästinensischen und deutschen Freunden und Bekannten danke ich von Herzen, dass sie mir in diesen zurückliegenden schwierigen Monaten auf verschiedene Weise den Rücken gestärkt haben, in meinem unverändert geliebten, aber oft schwer zu ertragenden Heilig-Unheiligen Land auszuhalten. Das kleine Paradies in Ostjerusalem, das mir die Gastfreundschaft meiner Vermieter Anna und Akram Sbitany ermöglicht, hat mir das Schreiben in diesen bizarren Zeiten erneut erleichtert. Dem Echter Verlag und seinem Geschäftsführer, Herrn Markus Reder, danke ich für seine Treue zu mir als Autor, und ganz besonders bin ich meinem Lektor, Herrn Heribert Handwerk, zu Dank verpflichtet, der mit gewohnter Kompetenz diesen Band begleitet hat und seinen mitunter etwas chaotischen und entscheidungsturbulenten Poeten mit sympathischem Verständnis verlässlich motiviert und bisweilen auch geduldig ertragen hat.

Die Gebete „Pfingstwunsch“, „Antoniusbitte“ und „Nachfolge“ sind zuerst erschienen in dem Band „Ungehobelte Gebete“, ebenso (nun leicht verändert) „Geduld“, „Schon wieder“, „Größer“ und „So auch“.

Der Umwelt zuliebe verzichten wir bei diesem Buch auf Folienverpackung.

Bibliografische Information der Deutschen Nationalbibliothek

Die Deutsche Nationalbibliothek verzeichnet diese Publikation in der Deutschen Nationalbibliografie; detaillierte bibliografische Daten sind im Internet über http://dnb.d-nb.de abrufbar.

www.echter.de

Umschlag: wunderlichundweigand.de
Umschlagbild: Edmon de Haro Monés, Barcelona
Innengestaltung: Crossmediabureau
Druck und Bindung: Friedrich Pustet, Regensburg

ISBN 978-3-429-05997-2

Von Stephan Wahl sind
im Echter Verlag u.a. auch
folgende Bände erschienen: